张志萍——著

追光领航

二十五载
书香砺初心征程记述

上海教育出版社
SHANGHAI EDUCATIONAL
PUBLISHING HOUSE

序

　　教育是一项充满温情的事业。新时代推进教育强国的伟大征程,既需要国家层面的宏观指导和制度支持,也依赖于每一位教育工作者的个性化思考和积极实践。2023年9月9日,习近平总书记在致全国优秀教师代表的信中,完整地阐述了中国特有的教育家精神的核心要义。他用富有中国特色的话语呈现了新时代教育家的精神和风采,为每一位教育工作者的人生追求和职业成长提供了重要的精神指导。

　　人这一生,贵在有所热爱、有所追求,而要把这份热爱和追求发挥到极致,渗透于平常,却是一生的学问。对于学校管理者而言,要想坚守立德初心,牢记树人使命,践行教育家精神,就需要将对教育的热爱和追求转化为办学治校的思考与实际行动。《追光领航:二十五载书香砺初心征程记述》一书,通过上海市嘉定区实验幼儿园党支部书记张志萍的视角,展现了一位深耕幼教领域数十年的教育工作者对幼教事业的热爱。这种热爱不仅体现在文字中,更贯穿于实践的每一个细节中。它既是具体的教学和管理行动,也是对新时代幼儿教育改革和发展的深思熟虑。同时,这种热爱也推动了一所优质幼儿园的成长,孕育了具有影响力的新时代幼儿教育和管理理念。

　　张志萍利用自己的专业优势,满怀真情实感,在工作中不停探索、不断超越,使得教育实践充满温度与力量,以实现"予人玫瑰",追求卓越的职业理想。她既是一位理想主义者,也是一位行动派,在坚定的信念和高度的责任感的推动下,努力完成党和国家赋予的重要使命,体现了幼儿教育工作者对初心的坚守。

这本书是张志萍二十五载教育生涯的总结之作，从中我感受到的是她：

清澈而坚定的信仰之光。因为眼中有光、心中有爱、脚下有路，二十五载的播种与耕耘，怀着对事业的深厚热爱和对教育的坚定追求，张志萍领导教师团队从平凡走向优秀，从优秀走向卓越。其中不仅有教育智慧的积累与夯实，也体现了她对教育理想的执着追求。理想与信念相交汇，所有责任化为脚下坚定的道路，勇往直前。

透彻且扎实的业务本领。以阅读为媒介，融入"大阅读"理念，张志萍引导教师们阅读自然、历史和人生。一次次充满温情的志愿服务，一次次挑战创新的活动探索，一次次闪耀着智慧的学习培训，不仅拓宽了教师们的教育视野，也在实践与创新中锤炼了教师们的党性。张志萍将党建与业务有机结合，持续为教育事业的发展注入新鲜的活力。

生动而独到的经验成效。一路乘风破浪，领航前行。在促融合、铸品牌、创示范的过程中，张志萍以项目、品牌、团队为抓手，通过深入的思考和有益的探索，努力朝"以高质量党建引领教育高质量发展"的方向迈进，形成了值得学习和推广的党建成果。

幼儿教育作为基础教育的起点，有着设立方向、铸就未来的基础性和关键性作用。然而，长期以来，功利主义思维导致幼儿教育呈现出发展方向市场化、教学内容小学化、管理模式同质化等问题，这些问题迫切需要在新时代幼儿教育的理论与实践体系重构中得到解决。《追光领航：二十五载书香砺初心征程记述》凝聚了张志萍的思考与探索，也揭示了幼儿教育长期面临的问题及其个性化的解决方法，对幼儿教育工作者更好地理解幼儿教育的价值使命、更有效地推进幼儿教育的改革与发展具有积极的参考意义。

热爱与追求交融，使命与责任并进。愿这份热爱在坚守和耕耘中不断焕发新的光彩，持续照亮教育前进的道路。

纪明泽

2024 年 1 月于上海

自序:热爱可抵岁月漫长

人们常言:"热爱可抵岁月漫长。"回望漫漫教育生涯,支撑我一路向前的不仅仅是那份热爱,还有责任与担当。生命中的一些际遇总会在不经意间出现,无所谓好坏,也无所谓胜败,只是凭着一颗澄澈明亮的心,坦然行路,无问西东。

自我担任上海市嘉定区实验幼儿园园长算起,至今已经走过了25个年头。在教育的路上,我们都是行囊满载的旅人,深知每一步都承载着无数的坚持和付出。尽管这条路曲折且漫长,但它充满了生命的活力和教育的美好。

由于从小被阅读浸润,受其滋养,因此我深刻地认识到早期阅读对儿童终身发展的重要性。于是,我大力支持爱好阅读教学的青年教师成立了"悦读悦美"教师社团,这是我园的第一个教师社团。此后,我还带领这些教师开展了早期阅读教学课题的研究。

2010年是我教育生涯的转折点。经过短暂休养,我决定做一个"和黑暗赛跑的人",勇敢地向着光亮奔跑,用自己的热爱不断实现人生中更多的可能,发挥更多的价值,同时也帮助更多的人。

在转为专职党支部书记后,我思考得最多的是:党组织该如何发挥战斗堡垒作用,助力幼儿园教育综合改革?我的早期阅读研究特长该如何服务于需要的人群?

2011年,我成立了"爱心妈妈服务队"(2014年更名为"蒲公英"故事妈妈义工团),带领我园党员和团员以公益讲座、公益故事会、公益亲子阅读活动等形式走进社区,服务社会,传播早期阅读理念,推动全民阅读;2016年,义工团转型升级为"蒲公英"阅读推广工作室,作为领衔人的我以重点项目为抓手,在推进嘉定区"慧雅阅读"和本园"慧阅读"活动的过程中,进一步促进了党建与业务的深度融合;2017年,由我主持编写的《嘉定区幼儿园"慧雅阅读"推进计划实施指南》在全区发布;2018年起,我秉持"大阅读"理念,开始研究探索运用多元化阅读手段提高党员政治理论学习实效,于是绘本党课、"拆书阅读"、"实幼红课"、"行走阅读"、情景党课等应运而生……全力奔跑的日子充实而幸福。

2022年,我园入选上海中小学校党建工作"示范学校"培育创建单位;2023年,我园被嘉定区教育工作党委命名为"嘉定区中小学党建实训基地",同时还成立了"张志萍书记工作室"。

新的征程拉开序幕,我满怀热爱,再次出发。

张志萍
2024年1月

目录

追光——思考篇 / 1

第一章 阅读中的理想之光 / 3
第一节 我的早期阅读观 / 3
第二节 让阅读变得"立体" / 11
第三节 一日生活中的阅读 / 24
第四节 阅读环境的创设 / 42

第二章 使命中的信念之光 / 59
第一节 两个时刻,坚守一辈子的初心 / 59
第二节 抓"时"与"实",强师德优师风 / 62
第三节 五大法宝,提高情感领导力 / 67
第四节 "五力"提升,焕发组织生机 / 69

融合——行动篇 / 73

第三章 似蒲公英,播撒阅读的种子 / 75
第一节 掬水见月,促进全民阅读 / 75
第二节 传承发展,推动"慧阅读" / 84
第三节 专业引领,打造"阅读成长营" / 103

第四章　花式学习,上好每一堂课 / 108
　　第一节　融合式学习,研发绘本党课 / 108
　　第二节　浸润式学习,推行"拆书阅读" / 116
　　第三节　互助式学习,开设"实幼红课" / 120
　　第四节　体验式学习,开展"行走阅读" / 124
　　第五节　情景式学习,开发情景党课 / 129

领航——价值篇 / 137

第五章　项目:领航学校发展 / 139
　　第一节　项目初启,明确方向 / 139
　　第二节　中期回顾,且思且行 / 145

第六章　品牌:冲关我最棒 / 151
　　第一节　口号:冲关我最棒,党员展风采 / 151
　　第二节　升级:党员人人示范,群众个个受益 / 158

第七章　集团:研究推动品质 / 165
　　第一节　主题党日创新 / 166
　　第二节　唱好时代主角 / 171
　　第三节　引领学校发展 / 178

参考文献 / 187

后记 / 188

追光——

思考篇

教育是一场独特的旅程。"十年"是我作为园长(1999年末至2010年初)扎根在嘉定区实验幼儿园,播下阅读之苗,细心培育养护的"十年",也是我作为专职党支部书记(2010年至今)在这里发光、发热的"十年"。两个"十年"之期的碰撞,更加让我自省。前一个"十年"赋予我教育的启示和智慧,在探索幼儿园发展方向的过程中,启发我寻找有助于孩子们未来成长的教育方法;后一个"十年"则让我感受到了教育的使命和责任,促使我不断在实践中磨炼自我、提升自我,在时代变迁中坚守信念、从容面对,带领团队为幼儿园的繁荣发展贡献更大的力量。这两个时期都是我教育生涯中的重要阶段,它们是我人生中闪光的时刻,在未来的道路上将持续为我指引方向,引领我迈向更加光明的未来。

第一章 阅读中的理想之光

阅读是生命中的明灯,在无声中指引前行的道路;阅读拥有无形的力量,使人变得明智而深邃。通过阅读开启智慧之门,揭示生命的无限可能;通过阅读唤醒情感共鸣,探究灵魂的深度,塑造一个有思想、有情感、有素养的人。人们通过阅读不仅能够获取知识,更重要的是,在阅读他人生命故事的过程中,获得经验和启示,积累前进的力量。因此,让阅读成为孩子们生活的一部分,已经成为我的信仰。在有生之年,我所要做的就是坚守自己所热爱的阅读,将正确的阅读理念传递下去,让更多的幼儿园、教师和家长重视阅读,让更多的孩子沉醉于阅读之中,借助阅读开启幸福人生的旅程。阅读给予我的启示和熏陶,也将成为我一生的财富,支撑我在教育的道路上勇往直前,不懈前行。

第一节 我的早期阅读观

一、我为什么要阅读?

有人说,阅读是人生修炼的重要手段;有人说,阅读和吃饭、睡觉一样是生活的一部分;更有人说,阅读是一种信仰。我的早期阅读从 5 岁开始,那时父亲为我订阅了《小朋友》杂志。同时,我还阅读连环画、聆听长篇评书,渐渐地就能阅读整本书籍。

对我而言,有书籍相伴的时光宛如身处天堂。幼年时,读书开阔了我的眼界,激发了我无限的想象力;成年后,我认为读书不仅是阅读他人的思想,也是自我反省——在书中发现并认识真实的自我。此外,当我翻阅那取材于自然的纸张制成的书本时,那份温暖与安心的感觉是无与伦比的。

阅读为我敞开了一扇连接自我与外界的大门。

二、儿童为什么要阅读?

在几乎所有关于幼儿教育的著作中,阅读都被视为促进儿童身心成长和素养形成的有效途径。

首先,早期阅读能有效促进儿童的语言能力发展。喜欢阅读且拥有丰富早期阅读经验的儿童,在语言表达的词汇量、流畅性、积极性以及听读能力方面,都明显优于那些不喜欢阅读或缺乏阅读经验的儿童。

其次,早期阅读有利于儿童获得积极的情绪情感体验,促进社会化发展。文学作品通过故事展现人生经验,让孩子们通过阅读了解生活、积累经验。图画书中的故事多呈现积极向上的内容,有助于幼儿获得积极的情绪情感体验。通过阅读故事,孩子们能间接获得丰富的人生经验。

再次,早期阅读能促进儿童观察力、想象力及思维能力的发展。阅读能力涵盖观察、理解和思辨三个要素,其中观察是基础,理解是关键,思辨则是阅读能力的真正体现。国外脑科学研究结果表明,孩子在听故事时,与语言理解能力相关的脑区以及与视觉相关的脑区都十分活跃。因此,阅读是一项重要的脑力活动。那么,是不是仅认识字就等同于阅读呢?答案是否定的,二者不能画等号。对于儿童而言,汉字就像一幅图,仅是抽象符号中的一种,认识字并不等同于理解字的意义。阅读的目的不仅仅是认识字,孩子通过观察、理解、辨析和想象,构建自己的认知体系,从而在理解画面情境的同时自然理解某些字、词的意思。因此,培养阅读能力极为重要。单纯识字多的孩子未必具备阅读能力,有可能"识字不识理"。

最后,早期阅读能促进儿童审美能力的发展。儿童的读物主要是图画书。优秀的儿童图画书具有适宜的色彩、合理的构图等特点,并采用不同的表现手法和绘画风格,为孩子们提供了极佳的美育启蒙。阅读一本本优秀的儿童图画书,等同于带领孩子们欣赏一幅幅精美的美术作品。

早期阅读对儿童发展的重要性不言而喻,因此作为一名教师,我愿意为孩子们打开这扇通往奇妙世界的阅读之门。

三、儿童可以读什么?

对儿童而言,儿童图画书是最适宜的读物。

儿童图画书,亦称图画故事书或绘本,属于儿童文学的一个重要分支,专为处于文字认读初期的儿童设计。它以儿童视角为出发点,通过图画与文字的交织互动,展现贴近儿童生活的故事,是一种融合文学与美术并促进二者发展的儿童文学艺术形式。作为儿童阅读旅程的"第一本书",儿童图画书是儿童通向流畅的自主阅读的一座桥梁,具有以下四个特征:

(一)用图画讲故事

图画和文字共同承载讲述故事的任务,形成"图文合奏"。其目的是让尚未学会识字或识字量有限的儿童能通过"读图"理解故事内容。日本图画书大师松居直曾形象地指出:文+画=带插图的书,文×画=图画书。例如,《母鸡萝丝去散步》通过"读图"让孩子们理解故事,加上母鸡萝丝散步路线的文字说明,使一系列动词变得情景化,加深了孩子们的理解,二者相辅相成。

（二）源于儿童生活

图画书故事情节简洁、人物数量有限、语言简单重复，但故事内容生动有趣，贴近儿童的实际生活，能引发儿童共鸣，激发阅读兴趣。许多图画书以小动物为主角，实则是以动物形象代表儿童，讲述的是孩子们自身或同伴间的故事。

（三）贴近儿童心理

优秀的儿童图画书考虑到儿童爱玩游戏的天性，具有游戏性质，能够吸引孩子注意，成为他们生活中的"玩具"之一。兴趣是最好的老师，孩子在阅读中体验到的快乐越多，对阅读的热爱也越深。《好饿的毛毛虫》《蹦！》《一步一步，走啊走》等，以及具有创意设计的洞洞书、立体书、摸摸书等，都能激发孩子的阅读兴趣。

（四）教育无痕化

尽管图画书中的故事极为简单，却常蕴含丰富的学习内容和深奥的人生哲理，无形中渗透人类社会的智慧，通过有趣的故事向儿童进行细腻而深刻的教育。如《猜猜我有多爱你》，通过小兔子与大兔子之间的互动和对话，传达了"爱无法衡量，但爱可以表达"这一人生哲理。

四、为什么儿童需要陪伴阅读？

陪伴阅读是开展早期阅读活动的主要方式，其重要性主要基于三个原因：

第一，阅读兴趣是需要激发的。人与书的相互吸引并非天生，而是需要通过媒介来建立连接。父母和老师作为这一过程的重要媒介，通过陪伴阅读，以有趣的读物和适宜的方式引导，能够激发孩子对阅读的兴趣，为孩子与书籍之间搭建起一座桥梁。

第二,阅读习惯是需要逐渐养成的。阅读习惯分为两个方面:其一是将阅读纳入日常生活,像吃饭、睡觉一样,成为生活不可或缺的一部分。这需要成人为孩子创造适宜的阅读环境,例如设立专门的儿童阅读区,配备合适的图画书和儿童友好型书架等。其二是养成良好的阅读习惯,比如从封面开始阅读、逐页翻阅、阅读结束后将书籍归还书架、爱护书籍等。这些习惯也需要通过成人的陪伴阅读逐步培养。

第三,阅读能力是需要不断提高的。美国心理学家安德森曾以比喻的方式说明,阅读是一项需要掌握技巧的活动,如辨识词语、梳理情节和人物关系等。成功的阅读建立在长期的练习基础之上,而这种练习贯穿人的一生。技巧在这里指的是阅读能力,而练习则指大量的阅读体验。老师和家长具备一定的引导能力,可以辅助孩子提升阅读技巧。

因此,幼儿园应组织形式多样的早期阅读活动,而家庭应坚持开展亲子阅读,以激发儿童的阅读兴趣,培养良好的阅读习惯,提高他们的阅读能力。这不仅为孩子们将来流畅阅读奠定了基础,也为他们成为终身阅读者做好了准备。

五、怎样给儿童讲故事?

在以儿童图画书为载体开展陪伴阅读的过程中,成人需要遵循两个基本原则,并重视三个关键要点,以有效促进孩子阅读能力的提升。

(一) 两个基本原则

一是要让孩子仔细观察画面。观察是图画书阅读的基础。成人应引导孩子仔细观察画面,收集各种信息以进行"脑力加工"。通过深入理解故事内容,孩子的阅读能力将得到不断提升。

二是要把故事讲得生动。将平面、静默的图画书转化为生动、有趣的"立体场景"是提升孩子阅读兴趣的关键。这样的转变能够吸引孩子阅读,并增加阅读体验的丰富性。

（二）三个关键要点

第一点，要从封面讲起。封面往往展示了故事的主角和典型场景，相当于故事的"海报"。引导孩子细观封面，可以激发他们对故事的猜想和阅读兴趣。同时，封面介绍故事标题、作者、画家、译者及出版社等信息，可以培养孩子对创作人员劳动成果的尊重。

第二点，重视环衬和扉页。环衬（包括前后环衬）和扉页是图画书精心设计的元素，它们富含与故事相关的信息。即使环衬仅以颜色展现，也具有其独特的含义，或者起到营造特定氛围的作用。例如，《迟到的理由》的环衬使用多个闹钟暗示故事与时间相关；《发明家奇奇兔》的环衬展示了奇奇兔的设计图纸，进一步强调了其作为发明家的身份。扉页类似于电影的序幕，通常展现故事的主要角色或关键场景，作为故事开始的提示。例如，在《猜猜我有多爱你》的扉页中，小兔子与大兔子的互动预示了故事内容的展开。

第三点，善用技巧把故事讲得生动有趣。幼儿阅读具有图像化、简单化、互动性、重复性、愉悦性等特点。我们在进行阅读教学时，需要考虑到幼儿的认知规律和阅读特征，尤其是要通过生动的讲述引起他们的兴趣。

首先，可以运用生动的语言向孩子描述图片中的场景，并将孩子观察到的、讲述出来的片段转化成故事中的文字。即便是在没有文字或文字较少的书籍中，我们也可以对孩子的回答进行"即时精加工"，转化成一段段生动丰富的描述。

其次，可以通过不同的声音稳定地塑造不同的角色形象，并与旁白有所区别。运用声音来塑造角色可以让孩子直接感受到故事的立体效果。塑造角色的方法有以下几种：第一种，变换声音的粗细和柔软度。一般来说，体形大、凶猛的动物，如老虎、狮子、狼、河马、大象等，可以用粗犷的声音来塑造，而体形小、温和的动物，如兔子、羊、小老鼠等，则可以用柔和的声音来塑造。第二种，变换音量。我们可以利用高低不同的音量来表现声音的远近。例如,在《月亮,生日快乐》中,小熊和月亮(小熊的回声)的对话就可以采用这个方法。第三种,变换语速。图画书中的角色和我们现实生活中的人一样,性格各异,有的语速很快,有的则慢条斯理。因此,我们还可以通过变换语速来塑造具有不同个性的角色。

再次,可以通过象声词来增强故事的立体效果。有些故事中会使用象声词,我们要将其真实地读出,以增强故事的立体感。例如,在《啪啦啪啦——砰》中,小鼹鼠"啪啦啪啦"地翻土,"砰"的一声撞到一只大红薯上,我们可以夸张地表现出这两种声音。在一些没有象声词的故事中,我们可以根据角色的特点或情节需要自行添加象声词。

最后,可以运用肢体语言为故事增添色彩。为了增强故事的真实感或趣味性,我们可以模仿角色的动作和表情,以增加故事的立体效果。例如,在《一步一步,走啊走》中,我们在讲述故事的同时,可以模仿每个动物走路的样子。我们还可以引导孩子一同参与到故事情境中,他们一定会乐此不疲。一些图画书本身就具有游戏性。如《蹦!》这本书,在阅读时,我们可以带领孩子进入故事情境,模仿书中的角色,学习"蹦"的动作,既可以看书又能玩游戏。

六、陪伴阅读后还要做什么?

阅读完一本图画书,并不意味着这次陪伴阅读的结束。对于儿童来说,他们的认知发展特点决定了他们对信息的吸收、理解和内化必须经历"输入—掌握—建构意义"三个阶段。在这个过程中,他们需要通过不断重复地输入,并经常与老师、家长、同伴交流互动、表达表现,以最终实现对故事意义的建构。这个过程是不能由老师代替的,也不能通过教授间接经验获得。因此,每次读完后还可以这样做:

（一）回味

可以让孩子回忆故事的名称和主要角色的名字，找出自己最喜欢的那一页，共同回顾他所关注的画面或故事情节。还可以将图画书中的词汇和短句迁移到日常生活中。此外，一些图画书中的语言像儿歌一样简短、朗朗上口，可以经常和孩子一起读读、讲讲。

（二）聊聊

带有思辨色彩的图画书可以培养幼儿的思辨能力。因此，在共读的过程中以及读后，可以和孩子一起讨论故事情节中的"两难问题"，或让孩子思考：真的是这样吗？如果是你，你会怎么做？

（三）玩玩

除了边讲故事边玩游戏外，还可以在讲完故事后，陪孩子玩故事中的游戏。例如，在《换一换》中，小鸡喜欢和其他小动物交换叫声。我们可以启发孩子：小鸡还会遇到谁？换到的叫声是什么？可以在游戏过程中培养孩子的想象力和模仿能力。

（四）画画

有些图画书会引发孩子对绘画的兴趣，我们应该为孩子提供这样的条件。例如，读完《发明家奇奇兔》，可以鼓励孩子做小发明家，为自己的发明绘制设计图；读完《兔子先生去散步》，可以鼓励孩子绘画和制作生活中需要的各种标志；读完《我的连衣裙》，可以引导孩子大胆想象，画出各种各样的连衣裙。

每个孩子的感知水平和理解能力都不同，同一个孩子在不同年龄段的发展也不同。因此，一本图画书可以在同一个年龄段阅读多次，也可以在不同年龄段进行阅读，它给孩子带来的体验是不同的。

总之，儿童图画书中蕴藏着丰富的宝藏。作为教师和家长，我们要为孩子打开阅读的大门，坚持每天陪伴孩子进行阅读。这是送给孩子最宝贵的童年礼物，也是孩子最大的幸福。

第二节　让阅读变得"立体"

任何形式的幼儿活动，其核心目的都在于育人。人的成长发展是多元的、立体的，这意味着阅读教学不仅仅是传递给幼儿静态的知识，还要着眼于幼儿成长的丰富性。立体式阅读和多维度挖掘可以更好地发挥阅读的综合育人价值。儿童图画书能够从认知、情感、思维、社会性等方面对幼儿施以全方位、浸润式的培育，无疑是幼儿开启阅读旅程的"第一本书"，是幼儿通向流畅的自主阅读的一座桥梁。

教师应如何以图画书为媒介，通过一定的图画书阅读策略，引导幼儿进入浩瀚的阅读世界，让幼儿在与成人作者的对话中丰富自身的知识经验，开启智慧之窗，汲取人类文明的养分，以推动语言能力、认知能力、信息理解与应用能力、思考与思维能力的发展，已经成为当前学前教育领域中亟待解决的重要问题。

一、图画书阅读现状

尽管我们对图画书集体教学活动的设计和实施进行了研究，并积累了一定的经验和成果，但在实践中，由于认识上的偏差，图画书集体阅读活动存在以下问题：

(一) 解读不到位

教师对图画书的解读不够全面、深入。由于幼儿园教师的文学素养和对幼儿心理认知特点的理解存在差异,有些教师在解读图画书时的理解和表达能力可能较弱,因此他们可能无法全面、深入地理解图画书中所蕴含的丰富价值,从而导致教学目标存在偏差。

(二) 目标功利化

在许多早期阅读活动中,教师倾向于将活动变成类似小学阅读理解课的形式,将活动目标局限于了解故事情节、认识字词、理解故事道理等。为了达到这些目标,教师通常会对故事内容进行提问和追问,这导致故事被分解成片段,孩子无法获得完整的叙事思维。

(三) 阅读快餐化

教师采取"一本书一节课"的方式,将阅读过程加速进行。在一个短暂的课时内,让幼儿从听故事到理解故事甚至提炼故事主题,教师只关注阅读结果,剥夺了幼儿自主建构文本意义的机会。儿童的认知发展需要经历输入、掌握、建构意义三个阶段,这个过程需要不断地重复输入,与老师、同伴交流互动,而不能被简单地代替或间接获得。此外,从心理学角度来讲,幼儿虽然天生就有对图文的感知能力,但这种能力的提升需要丰富的阅读环境、大量的阅读经验、有效的阅读指导才能实现。因此,"一本书一节课"这种"快餐式阅读"给孩子的"阅读养分"显然是远远不够的,而且对拥有不同阅读兴趣和水平的孩子也是不公平的。

以上问题表明,图画书集体阅读活动在设计和实施的过程中需要更加细致周全,关注幼儿的全面发展,引导他们积极参与、深度思考,从而更好地获得阅读的乐趣,体现阅读的意义。

二、"立体阅读"的定义

自 2012 年起,我们将研究重心转移到两个核心问题上:如何注重阅读过程,把阅读还给孩子?如何将阅读渗透到幼儿园一日活动中?

我们将此研究定义为"立体阅读",即要全过程、全方位地进行阅读,在"发现问题—分析问题—解决问题"螺旋式上升的循环中开展阅读研究。具体而言,我们以培养 3~6 岁幼儿的阅读素养为终极目标,以激发阅读兴趣、形成阅读习惯为核心指向,以图画书为主要读本,组织了一系列形式多样的活动,包括听赏故事、自由阅读、亲子共读、分享品读等,帮助幼儿主动从图画和文字中获取信息,自主建构文本意义。

这样的图画书阅读活动尊重幼儿在阅读中的主体地位,注重幼儿阅读的过程,在阅读兴趣、习惯和能力三者互相交融、螺旋式上升的过程中,为其将来成为终身阅读者奠定了坚实的基础。

三、"立体阅读"中主体的定位

(一)幼儿是图画书阅读的主体

图画书是专为在识字与理解方面尚处于萌芽阶段的幼儿设计的。换言之,幼儿是图画书的首要读者。对读物的理解,是读者建构文本意义的过程,不同的读者对同一文本可以有不同的解读。幼儿在阅读图画书时应享有独立建构文本意义的权利,幼儿的阅读主体地位在图画书阅读活动中应当受到充分的尊重。

(二)教师是启发幼儿阅读的引路人

尊重幼儿在图画书阅读中的主体地位,并不意味着放任他们随意自行。幼儿独立建构文本意义的能力需要通过持续的指导来培养。他们需要学会如何通过阅读中的文字与图画提取和处理信息，并将这些信息与自身经验相结合，从而建构文本意义。在这一过程中，教师的帮助和指导至关重要。教师的帮助和指导能够帮助幼儿掌握必要的阅读方法和技巧，进而提升他们独立建构文本意义的能力。

四、"立体阅读"的实施

（一）确定培养目标

我们依据经济合作与发展组织（OECD）的国际学生评估项目（PISA）中的阅读素养评估标准，参考《3~6岁儿童学习与发展指南》，结合《上海市学前教育纲要》中关于阅读培养的目标，针对图画书的价值及学前幼儿的发展需求，制定了总体目标，即培养3~6岁幼儿的阅读素养，为其成为终身阅读者奠定基础。具体而言，培养内容包括阅读兴趣、阅读习惯及阅读能力。阅读兴趣是指出于个人好奇心和愉悦感的需求，阅读文学作品或信息类文本的倾向；阅读习惯是指将阅读作为生活的一部分，每日自愿、主动、自觉地安排一定时间阅读图书的行为；阅读能力是指幼儿能够积极地从图画和文字中提取信息，并结合自己的知识及经验，独立建构文本意义，在生活中应用的能力。

在学前教育阶段，阅读兴趣是形成阅读习惯和能力的基础，而阅读习惯和能力则是维持阅读兴趣的保障，三者相互依赖，相辅相成，构成一个统一的整体。因此，将它们割裂开来进行单独细化处理是不科学的。在制定各年龄段的具体培养目标时，我们将这三个方面融合在一起，进行了整体的细化（如表1-1所示）。

表1-1 3～6岁幼儿各年龄段培养目标观察点

年龄段	目标观察点	备注
3～4岁	喜欢听老师讲故事,如果哪天没有听故事,会主动向老师提出听故事的要求	
	能安静地坐下来读书,时间在3分钟以上	3分钟以上的阅读不限于一本书,可以是多本,且不一定是某本书从头到尾的完整阅读
	听完故事或自己看完书后,能记住故事中提到的人物和片段式的情节	不强求面面俱到地获取故事的完整信息,只要有一些片段式的信息即可
4～5岁	喜欢自己看书,并能与同伴讨论该书	
	能安静地坐下来读书,时间在5分钟以上,对于自己喜欢的书能完整地阅读	相较于3～4岁年龄段的3分钟以上的阅读而言,5分钟以上的阅读应降低换书的频率,要求在教师讲读结束后,能完整地读完一本书
	初步具有选书的意识	
	听完故事或自己看完书后,能基本知道故事的主要情节	
5～6岁	喜欢自己看书,如果哪天没有看书,会主动向老师表达看书的欲望	幼儿在可自由支配的时间里,基本能自主选择阅读作为活动内容之一,且每个幼儿都能自主选择阅读时间
	清楚地知道自己喜欢看什么书	不要求幼儿喜欢阅读所有类别的图画书,但对于阅读倾向失衡的幼儿要给予适当的引导
	喜欢就书上的内容与同伴或教师进行交流	这里所指的"交流"是广泛的,包括就书上的内容分享自己的感受和感想、自己对文本的理解,能够提出问题、重构文本等
	在进行一系列阅读活动后,能说出自己的感受或看法	
	在游戏或真实的生活场景中表现出自己读过的内容	这里的"表现"只是片段式的,不要求完整地再现

（二）设计与实践

分析前述培养目标可见，图画书阅读活动更侧重幼儿对阅读过程的体验，强调培养幼儿自愿、自主、自觉的阅读习惯，希望幼儿在阅读的过程中能够获得愉悦的体验。为了给幼儿提供一个完整的阅读过程，我们初步设计了一个包含四个环节的阅读流程，分别是：听赏故事、自由阅读、亲子共读以及分享品读（如表1-2所示）。

表1-2 阅读流程表

流程	主要目的	参考形式	可用环节	备注
听赏故事	激发幼儿的阅读兴趣		睡前故事时间 阅读一刻	
自由阅读	为幼儿提供观察、发现、理解的机会		阅读一刻 图书馆 个别化学习时间	适合有一定自主阅读能力的中、大班幼儿
亲子共读	帮助幼儿进一步加深对绘本的观察和理解			视需要而定
分享品读	为幼儿提供多种形式，让他们表达对绘本的理解	小小讨论会 小小辩论会 演一演 画一画 玩一玩 找一找	图书馆 集体阅读活动 个别化学习时间	

1. 听赏故事

该环节的主要内容是由教师向幼儿讲述故事，以此激发他们对该故事的阅读兴趣。听赏故事的核心在于倾听与欣赏。学前幼儿是一类特殊的读者群体,单纯的平面文本很难引起他们的阅读兴趣。在很大程度上,幼儿对文本之美的感知依赖于成人的讲述。此外,幼儿的识字量有限,他们在日常生活中接触的主要是口头语言,而对书面语言和文字符号的接触相对较少。因此,对于学前幼儿而言,他们还不具备通过阅读来获取书面信息的能力,这使得"讲故事"成为一种重要且常用的途径。通过听大量的故事,幼儿可以积累书面语言知识,为日后认识文字、理解文字内涵打下坚实的基础。教师讲故事的核心目标是将平面的故事立体化呈现,让幼儿在近乎真实的情境中了解故事,在角色扮演中体验故事,为幼儿提供愉悦的语言体验,帮助幼儿构建对故事的理解。

听赏活动是幼儿园开展图画书阅读中非常重要的一项活动,特别是对于小班的幼儿,应该大量进行此类活动。只有充分地输入,才能促成幼儿将来的自我表达和输出。

需要注意的是,教师在讲故事的过程中,应尽可能保持中立,避免加入个人的理解和判断,即尽量保持故事内容的"中立性"。

2. 自由阅读

在听完故事之后,自由阅读环节为幼儿提供了充分的时间,以便他们能够反复阅读自己喜欢的故事。自由阅读是培养幼儿终身阅读习惯的关键环节,因此各个年龄阶段的孩子每天都应进行自由阅读,使阅读成为日常生活中与吃饭、睡觉同等重要的一部分。

3. 亲子共读

亲子共读和交流讨论等方式,可以进一步帮助幼儿深化对图画书内容的观察和理解。

4. 分享品读

反复阅读之后,不同幼儿对于同一故事的关注点、感受和观点将会有所不同。因此,教师应当为孩子们提供多种机会进行分享、交流、辨析讨论以及表达自己的观点。

不同的图画书可能激发幼儿不同的反应和表现,有的可能引起他们的辩论,有的可能激发他们的表演欲望,有的可能让他们在玩耍中寻得乐趣,还有的可能触发他们的想象力和创造力。在与同伴分享交流和自我表达的过程中,幼儿能够充分体验到阅读带来的愉悦感和满足感。

(三) 探索与发现

我们的首次尝试涉及一本颇有争议的书籍——《上面和下面》。这本书讲述了这样一个故事:大熊继承了父亲的遗产,变得非常富有,但却懒惰成性,整日只知睡大觉。他的邻居野兔提出与大熊合作,建议大熊将土地提供给野兔家族耕作,双方平分收成。在第一次播种前,野兔询问大熊希望分得哪一半收成,大熊选择了"上面一半"。因此,野兔家族种植了土豆、萝卜等根茎作物。结果,在首次分红时,大熊仅获得了无用的叶子。第二次,大熊改变主意,要求分得"下面一半"。于是,野兔种植了绿叶蔬菜。大熊这次只得到了无用的根部。到了第三次,大熊声称"上面和下面都要"。这一次,野兔种植的是玉米,结果大熊仍然一无所获。愤怒之下,大熊决定亲自耕种土地。最终,野兔一家通过耕作所得开了一家蔬菜店。尽管大熊与野兔依旧是朋友,但他们再也没有成为合作伙伴。

让我们先来看看孙老师的教学尝试与探索:

当孙老师讲述完《上面和下面》这个故事后,班上30多个孩子中,有12个特别喜欢这本书。因此,孙老师从图书馆借来了12本相同的书,放置在班级的图书区供孩子们自由阅读。孩子们一有空就会聚集在那里阅读这本书。孙老师注意到,最初他们更多地关注书中的一些细节,例如大熊额头上的红点和野兔家的一只大跑鞋等。然而,几天后,孩子们开始讨论故事中的角色,探讨"谁是好的,谁是坏的"。

见时机已经成熟,孙老师立即组织这12个孩子举行了一次"读者讨论会",主题是"你更喜欢大熊还是野兔?为什么?"。结果,几乎所有孩子都表示喜欢野兔,理由是野兔勤劳、有计划、能够独立完成自己的工作。

孙老师没有发表任何评论,只是微笑着倾听。最后,她提出了一个问题:"大熊真的没有任何可爱之处吗?"孩子们一开始有些困惑,反问道:"大熊那么懒惰,怎么可能可爱?"于是,孙老师引导孩子们翻到书的第8页,一起重温野兔和大熊之间的约定。通过孙老师的引导,孩子们开始重新思考。于是,孙老师决定让孩子们带着这本书回家,与父母一起探讨:大熊有没有值得我们欣赏的地方?野兔有没有做得不好的地方?

这次亲子共读活动产生了显著的效果。孩子们从一开始的完全支持野兔,逐渐开始扩展他们的视角,认识到大熊虽有缺点,但并非全无优点;野兔虽有很多优点,但也不是完美无缺的。

亲子共读之后,孙老师又组织了一次讨论会,让孩子们分享自己的观点。他们分别列出了大熊和野兔的优点与缺点,并最终达成共识:大熊和野兔各有优点,也各有不足。

这本书的阅读和讨论持续了近两周,孩子们一次又一次地阅读,在讨论中深化了理解。从这个过程中可以清楚地看到,他们的关注点从表面的细节逐渐深入到故事的内涵,思维也从单一维度逐步发展到多维度。可见,孩子们自主建构文学作品意义的过程确实是需要时间的。

接着,在黄老师的尝试中,我们看到了孩子们独立建构文学作品意义的能力:

在黄老师的引导下,大班的孩子们阅读了经典图画书《母鸡萝丝去散步》,这本书的诙谐幽默深深吸引了孩子们。在接下来的两周多时间里,孩子们不仅以小组为单位自制了道具、分角色进行了表演,还对"萝丝是否知道有狐狸跟着她?"这个问题产生了浓厚的兴趣。因此,黄老师组织了一场"小小辩论会",让孩子们分为"知道派"和"不知道派"展开讨论。

"知道派"认为,母鸡萝丝是知道狐狸跟随的,否则她不会走那些危险的路,让狐狸度过不愉快的时光;而"不知道派"则认为,如果萝丝知道的话,她应该会加快脚步，而不是慢悠悠地走，这太危险了。双方的辩论非常激烈，各持己见，都有着自己的道理。黄老师并没有扮演"法官"的角色，而是通过鼓励和挑战双方的观点，激发孩子们继续进行辩论。

这场没有明确胜负的辩论不仅为孩子们提供了一个安全的表达空间，还促使孩子们对故事细节进行持续而深入的思考和解读，激发了他们的思维活动。许多学者认为，孩子们天生就是哲学家，但如何启动他们的思维一直是一个难题。黄老师通过让孩子们"玩"和"演"，使他们仿佛生活在经典故事之中，有效地激发了孩子们的哲学思维。

辩论会之后，孩子们还沉浸在故事的世界里，他们在美术区绘画，在语言区续编故事，母鸡萝丝和狐狸在他们的笔下继续演绎着一幕幕令人捧腹的话剧，其中一些情节甚至可能连绘本的作者佩特·哈群斯也未曾想到。

1. 书，一定要慢慢读

通过不同的图画书，孩子们能够体验到不同的情感，从而有多样的反应。老师的任务在于顺应这些反应，给予支持，并促进孩子们的进一步发展。

经典绘本《房子，再见》是一本讲"离别"的图画书，整本书弥漫着淡淡的伤感之情。阅读小组的朱老师选择在孩子们即将毕业之际与他们共读这本书，使得孩子们很自然地将书中小熊的经历与自己的情感联系起来。他们仿照小熊的行为，在校园中寻找自己成长的痕迹并记录下来，最终制作成了《幼儿园，再见》这本图画书。毕业典礼后，孩子们来到操场、跑道、沙池等地方，和它们说了"再见"；来到办公室、保健室、传达室，和工作人员们说了"再见"；最后，他们带上自己的图画书，带着不舍之情和对未来的憧憬，站在大门口，和幼儿园说了"再见"。这一过程让他们从共情到移情再到动情，最后达到了抒情的情感层次。一切都是自然而然发生的。

宫西达也的绘本《好饿的小蛇》是一本节奏感很强的书，常见的食物、相同的语句结构、重复出现的情节、大胆幽默的想象，特别适合儿童阅读。于是，邱老师戴上故事围兜，在手臂上套上橘黄色长筒袜，扮成"小蛇"，把故事进行了

"立体化",让孩子们在"边看边玩"中理解了故事情节,认识了各种不同形状的食物。第一次阅读后,邱老师在教室的一角放置了各种颜色的袜子以及食物图片,孩子们自发地玩起了"小蛇吃东西"的游戏,从单独游戏到结伴游戏,他们的乐趣不断增加。

阅读小组的其他老师们也都各自带着自己班级里的孩子们陆续读了《抱抱》《我的连衣裙》《婷卡》《搬过来,搬过去》《彩虹色的花》《咕噜牛》《换一换》等经典绘本,并根据孩子们的兴趣,为他们提供了充裕的阅读时间和空间,让他们尽情阅读、充分表达。每走过一个阅读过程,老师们都大有收获。老师们在案例反思中不约而同地发出了这样的感慨:"放慢阅读的脚步,孩子们读到了书中的精彩,老师们则看到了孩子们的精彩!"

这些图画书不再仅仅是静静躺在书架上的书,而是成为活在孩子们心中的故事,与孩子们的经历紧密相连。让我们和孩子们继续携手,慢慢地阅读下去。

2. 书,每天都要读

我认为,判断一个人是否拥有良好的阅读习惯主要涉及两个方面:第一,是否养成了每天阅读的习惯,即是否具备自主阅读意识;第二,是否在阅读书籍时表现出良好的阅读习惯。这些习惯不可能在短时间内形成,尤其是每天阅读的习惯。因此,早期阅读不仅要激发孩子的阅读兴趣,还有一个重要任务:培养孩子初步的自主阅读意识,使阅读成为孩子生活的一部分,如同吃饭、睡觉一样自然。

于是,我们调整了课程安排,确保孩子们每周不仅能在集体教学活动中阅读,而且在日常生活中也能利用"碎片时间"进行阅读。

这样,您便能见到以下景象:

上午 9 点,孩子们陆续吃完早餐后便前往班级图书区挑选书籍阅读。

中午 12 点,孩子们躺在温暖的小床上,闭上眼睛聆听老师讲述的睡前故事。

下午 3 点是"阅读一刻",这时全园的孩子都在进行自主阅读。

下午 4 点，孩子们将书籍放入漂流书包，带回家与父母共读。

孩子们每周都会阅读一本书，并在漂流手册上记录自己的阅读感受。书籍成为他们的每日必需品。

3. 书，还可以这样读

"在我多年推广亲子阅读的经验中，有一句话我经常提及：'我们和孩子的缘分只有这短短的一辈子。'虽然听起来颇为伤感，但这却是不争的事实。因此，我们应当为孩子留下最美好的东西。陪伴孩子阅读，便是赠予孩子最珍贵、最美好的童年礼物，这将对孩子的一生产生深远的影响。"这是我在幼儿园对家长们说的一段话。家长们听后都颇为感动，纷纷参加了我于 2007 年创办的亲子阅读沙龙，并在下班后赶来幼儿园，听我讲述早期阅读的重要性，解读国内外经典绘本，分享亲子阅读的方法。在我讲课时，他们认真做笔记，甚至录音、录像，回家后购买图画书并天天陪伴孩子阅读。第一批参加沙龙的孩子现已大学毕业。我也对社区中的家长们这样讲。他们在我的影响下，也开始购书陪伴孩子阅读。

不过，有些家长不满足于仅仅是听我讲课，他们还希望能了解：什么样的陪伴阅读最受孩子喜欢？阅读图画书是否只有一种方式？因此，我开始尝试带领家长和孩子一起阅读。就这样，2011 年秋，嘉馨社区"小脚丫亲子学堂"的公益项目中增加了亲子阅读课程。

在选择书籍时，我特别挑选了几种不同类型的书，这些书都是由绘本大师精心设计的，因此阅读方式可以非常独特，阅读后的延伸活动也大有可为。

我们曾阅读日本绘本大师松冈达英的《蹦！》。这本书通过让孩子观察和模仿的方式，让孩子理解"蹦"这个动作，非常适合处于直觉行动思维阶段的两岁左右儿童。因此，我要求家长在阅读每一页时都与孩子交谈，并模仿书中小动物的动作。当孩子和家长一次次蹲下，数着"一、二、三"模仿书中小动物的动作起跳时，他们的脸上洋溢着幸福的微笑。我坚信，如果阅读能够为孩子带来愉悦的体验，孩子就会爱上阅读。

我们还一同阅读了美国绘本大师法兰克·艾许的代表作《月亮,生日快乐》:

在这个发生在夜晚的故事中,我用平和而略微低沉的声调为孩子们朗读。当故事进行到"一阵风把小熊的帽子吹走了"这一段时,我特意停顿,引导孩子们思考这一刻小熊的心情,或者他心里可能在想些什么。这时,这些两三岁的小朋友开始分享他们的想法:

豆豆说:"让月亮再送一顶帽子给小熊吧。"

鑫儿说:"小熊心里一定很难过。"

乐乐说:"如果能抓到帽子就好了。"

小语说:"他可以在风停下来的时候抓住帽子。"

麟麟则比较现实,他认为那顶帽子本来就是小熊送给月亮的,所以小熊不应该感到难过。

在这个过程中,我没有对孩子们的想法做任何评判,而是不断解读并尊重他们的每一种想法,鼓励他们大胆表达。我希望让家长们意识到,每个孩子都有自己独特的思考方式,并不存在所谓的对错,成人应该为他们提供更多的表达机会。

阅读结束后,我们开始通过角色扮演来"玩"这个故事。我的助教负责旁白,我和孩子们扮演小熊,而家长们则需要扮演多个角色:从一棵树到储蓄罐,再到月亮。根据故事情节,我们一起"爬树""划船""走过树林""与月亮对话""倒出储蓄罐里的钱买帽子""追帽子"……最后是"互送生日祝福"。这一系列的活动让孩子们乐此不疲。之后,我又重新朗读了这个故事。

在这一小时的活动中,家长们有了新的认识:在亲子阅读中,大人和孩子是平等的伙伴。只需稍加引导和参与,一本静静躺在那里的图画书就能变得如此立体和生动,孩子们对此是那么热爱!他们也意识到,一本书是可以被一次又一次地阅读的……

这样的读书会备受欢迎,它宛若蒲公英,随风飘散,播撒着亲子阅读的种子。书中尚有众多故事有待探索,而我所能做的,便是在每一处播下阅读的种子,耐心等待花朵绽放,静候时间的见证,期盼更多的人爱上阅读,从而受益终身。

第三节　一日生活中的阅读

3～8岁是儿童早期阅读和读写学习的关键期。在这个阶段,幼儿每天大约有8个小时的时间在幼儿园度过,教师作为他们的陪伴者,需要抓住一切机会推动他们的发展。因此,在日常活动中,阅读不仅要讲究方法,也要考虑效率。

一、阅读有三重境界

日常生活中有很多"碎片时间",例如来园时、离园时、餐前餐后、入睡前以及自由活动时间等。利用这些"碎片时间"开展阅读活动,可以确保幼儿每天都有机会阅读,使阅读成为幼儿生活的一部分,就像吃饭、睡觉一样自然。

(一)利用"碎片时间"开展阅读活动的三条原则

1. 常态化

常态化原则意味着要将阅读活动规律化,即每天在固定时间和地点进行阅读,使之成为日常生活的一部分。从幼儿园层面看,需要在课程实施方案中明确指出,在幼儿的日常作息时间表中,哪些"碎片时间"可用于听故事和阅读。从教师层面看,这意味着教师需要充分利用这些时间,确保幼儿每天都有听故事和阅读的机会。

2. 多样性

多样性原则指的是利用"碎片时间"进行阅读的形式应多样化。教师可以根据不同年龄段幼儿的特点、阅读兴趣、习惯和能力的差异，或是根据课程实施的需求，采用不同的组织形式开展阅读活动。

阅读活动大体可以分为三种形式：集体共读、小组共读和自主阅读。在集体共读和小组共读中，所有参与者阅读相同的书籍；而在自主阅读中，幼儿可以阅读相同或不同的书籍。需要说明的是，在同一空间内，这三种阅读形式可以独立进行，也可以同时进行，教师需要根据实际情况灵活安排。

此外，阅读活动的空间不局限于本班教室，教师可以带领幼儿到户外阅读，或是安排幼儿到其他班级进行"结伴阅读"或"大带小阅读"等。

3. 整合性

整合性原则强调教师应有整合意识，能够将日常活动中的"碎片时间"有机整合并有效利用。特别是在开展主题阅读时，因为需要组织幼儿围绕同一本书连续多日开展多项活动，所以教师可以将时间和组织形式进行有效整合，以适应活动的进程。

（二）利用"碎片时间"开展阅读活动的三重境界

鉴于每位教师的起点和每个幼儿园的具体情况有所不同，在实施过程中，不同水平的教师可以依据三个不同的层次来操作，即"保底""优化""整合"。

1. 第一重境界：保底

（1）具体做法

教师每天做到"两个一"。

① 每天午睡前讲一个故事

语言学习是一个循环往复的过程，包括"输入—吸收—建构—输出"四个阶段。成人在这一过程中发挥着至关重要的作用，主要是准确、丰富、持续地向幼儿输入语言。特别需要强调的是，通过话语系统输入书面语言是极为重要的。

因为幼儿的识字量有限,他们主要通过倾听的方式接触信息,所以利用幼儿每天午睡前的 5~10 分钟时间讲故事,是向他们大量输入规范书面语言的有效方式。

② 每天开展"阅读一刻"活动

阅读习惯是阅读的三大要素之一。为了让阅读成为幼儿生活中与吃饭、睡觉等活动同等重要的日常部分,必须培养幼儿稳定的阅读习惯。这种习惯的形成将为培养儿童终身阅读素养奠定坚实基础。因此,为幼儿提供进行阅读活动的时间和空间是必要的。需要明确的是,"阅读一刻"指的是"Reading Time",并不是指仅阅读 15 分钟。

(2) 操作要点

① 幼儿园层面

A. 根据幼儿园实际情况以及不同年龄段幼儿的特点,在各年龄段幼儿的作息时间表中安排"睡前故事"和"阅读一刻"两个环节。

B. 为不同年龄段班级提供适宜的图画书,以满足各年龄段幼儿的阅读需求(如表 1-3 所示)。

表 1-3　各年龄段幼儿图画书选择要点

年龄段	选择要点
小班	1. 选择的图画书应画面清晰、主题明确、背景简洁,既要有吸引力,又要具备美感 2. 整本书的页码在 20 页左右 3. 选择能够触摸、抽拉、翻转,具有较强互动性和游戏性的图画书,如摸摸书、洞洞书、翻翻书等 4. 图画书应情节简单、贴近幼儿生活,且故事情节和语句具有一定的重复性,便于幼儿模仿、对话、游戏和表演 5. 提供多种材质(如木板、布、塑料等)和不同形状的图画书
中班	1. 图画书应种类丰富,涵盖认知类、情感类、游戏类、想象类等多个领域 2. 选择故事中角色与文字的比例有所增加的图画书,且情节源于儿童生活

（续表）

年龄段	选择要点
大班	1. 增加内容为民间故事和反映中华优秀传统文化的图画书 2. 在大班下学期，适当添加几部经典的儿童文学作品，如《夏洛的网》《木偶奇遇记》等，并每天为幼儿朗读一段作为睡前故事

② 教师层面

A. 每日坚持开展"睡前故事"和"阅读一刻"这两个环节的活动。

B. 安排幼儿听睡前故事有两种方式：

a. 在教师的引导下，大家共读一本图画书。

b. 让幼儿躺在床上聆听故事。需要注意的是，教师在选择图画书时，最好挑选叙述较为完整的图画书。

C. 在"阅读一刻"环节中，要建立基本的活动常规，包括：安静阅读、爱护书籍、阅读完毕后将书籍放回原位等。同时，允许幼儿与旁边的小伙伴一同阅读，可以小声讨论，但不得干扰其他人阅读。

2. 第二重境界：优化

（1）具体做法

教师需要根据幼儿的年龄特征和阅读目标，对"睡前故事"和"阅读一刻"这两个环节的活动进行优化，以提高阅读活动的质量。以下是针对"阅读一刻"环节提炼的操作要点（如表1-4所示）。

表1-4 "阅读一刻"操作要点

年龄段	核心目标	基本途径	主要活动形式
小班	以培养阅读兴趣为核心，初步养成阅读习惯	以教师讲读为主，辅以幼儿自由阅读	1. 集体阅读 2. 多感官体验式阅读 3. 故事表演 4. 自由阅读

(续表)

年龄段	核心目标	基本途径	主要活动形式
中班	在加强阅读兴趣的基础上,以培养阅读习惯为核心,并初步培养幼儿的阅读能力	教师讲读和幼儿自由阅读相结合	1. 集体阅读 2. 多感官体验式阅读 3. 故事表演 4. 自由阅读 5. 读者分享会、讨论会
大班	在巩固阅读习惯和进一步激发阅读兴趣的基础上,以培养阅读能力为核心	从教师讲读转变为教师导读,以幼儿自由阅读为主	1. 教师导读 2. 自由阅读 3. 小组阅读 4. 故事表演 5. 读者分享会、讨论会或辩论会

(2) 实践案例:丰富多彩的小班"阅读一刻"

小(2)班的郑老师和小(1)班的顾老师经过一段时间的观察,发现班上的幼儿在阅读兴趣和习惯方面存在较大差异。因此,她们决定借助"阅读一刻"这一环节,开展为期一年的探索和实践活动。她们先根据既定的目标精选了合适的阅读材料,然后以"激发兴趣、培养习惯"为主要目标,根据小班幼儿的年龄特点,开展了形式多样的阅读活动。

① 教师导读

小班幼儿缺乏基本的阅读技能,需要在成人的引导和陪伴下逐步认识图书、爱护图书、阅读图书,并形成良好的阅读习惯。教师导读就是一种以教师为主导的集体阅读方式,既包括教师使用大幅插图或投影仪讲述故事,也涵盖了教师和幼儿共同翻阅同一本书,边阅读边讲解的情形。

② 边读边玩

小班幼儿正处于直觉行动思维阶段，他们通过动作参与思维活动，且具有强烈的好奇心和模仿欲。因此，选取具有游戏性的图画书，并采取边读边玩的互动方式，不仅能激发幼儿的阅读兴趣，还能帮助他们更好地认识故事中的角色和理解情节。例如，在阅读《蹦！》时，每翻到一页，老师便带领孩子们模仿书中角色的动作进行游戏，比比谁蹦得高；在读《好喝的汤》时，大家围坐在一起，模仿书中的重复性语言，往大锅里放各种食物，边读边玩"烧汤"的游戏，最后一起品尝"好喝的汤"。这种"游戏化"的阅读方式给孩子们带来了快乐的体验，使得"阅读一刻"逐渐成为他们一天中最期待的时刻。

③ 故事表演

3~6 岁是幼儿语言发展的关键期，这一时期的幼儿对语言学习充满兴趣，表现出强烈的表达欲望。他们喜欢反复听同一个故事，并模仿其中的情节和对话。因此，在幼儿对某本图画书有了一定的熟悉度后，教师可以通过故事表演的方式，让幼儿在教师创设的情境中扮演故事角色，体验角色情感，并在表演中进行大量的语言练习，从而深化对故事的理解。

④ 自主阅读

教师通过讲故事激发幼儿兴趣后，可以让幼儿进行自主阅读，尽情享受图画书带来的乐趣。通过这一环节，幼儿不仅能重温听过的故事，还能与同伴进行交流，真正成为阅读的主体。这不仅能增强幼儿对阅读的喜爱，还能让幼儿在享受阅读乐趣的同时，培养阅读习惯，提升阅读能力。

这些各具特色的阅读活动表面上看似独立，实际上却是相互支持、相互交融的。例如，在教师导读结束后，孩子们可以选择自主阅读图画书，或是参与故事表演和相关游戏。在游戏活动结束后，孩子们又会回到教师组织的集体阅读中，重新体会书中的画面与文字。一本图画书不仅仅被阅读一次，或仅用于一次活动，而是可能会在几周内反复被引入不同的活动中。在这个"感知—体验—重温"的循环过程中，孩子们的阅读兴趣会逐渐增强，对阅读的爱好也会日益浓厚。

3. 第三重境界：整合

（1）具体要求

教师需要根据教学目标，有效整合和利用日常活动中的零散时间。

（2）操作要点

① 幼儿园层面

在主题活动的实施过程中，允许教师在确保一周课程平衡的基础上，根据实际情况（例如天气状况、幼儿的兴趣活动等），对预定的活动进行适当的调整或替换。

② 教师层面

A. 根据班级里幼儿的兴趣或当前的热点话题，挑选内容具有延展性的图画书进行活动。

B. 提前规划，设定初步的活动框架，将阅读内容融入各个课程领域之中。

C. 根据幼儿的需求和能力以及活动的可扩展性，确定阅读活动的形式和周期。

D. 将所有活动所需的材料放置于个别化学习区域，以满足兴趣和能力水平不同的幼儿的需求。

（3）实践案例：时间都用在哪儿了？

大（1）班陈老师结合主题"春夏秋冬"，以绘本《下雨啦》为切入点，设计并开展了阅读活动"下雨啦"，该活动历时约一个月。在这一过程中，陈老师将幼儿一日活动中四大板块的部分活动与"碎片时间"进行了有机整合，采用教师导读、幼儿自主阅读和阅读分享等多种方式，帮助幼儿深入理解绘本的内容。同时，通过"玩雨"和"演雨"的活动，让幼儿充分体验雨天的乐趣，鼓励他们主动探索和大胆表达自己的感受（如表1-5所示）。

表1-5 "下雨啦"活动安排

第一天(下午)		
时间	途径及形式	目标
11:45—12:15	户外自由活动	
12:15—14:30	睡前故事:教师讲述《下雨啦》	初步了解故事,激发阅读兴趣
14:30—15:00	生活(盥洗、点心) 阅读一刻:教师导读《下雨啦》	将故事内容和画面结合起来,感受主人公在雨中探秘的愉快心情
15:00—16:00	游戏	
16:00—16:15	离园活动:自主阅读《下雨啦》	通过自主阅读,仔细观察画面,深入理解故事,萌发对后续活动的兴趣
第二天(上午)		
时间	途径及形式	目标
7:30—8:00	来园活动:自主阅读《下雨啦》	细致观察画面,熟悉故事
8:00—9:10	户外运动	
9:10—9:30	生活活动(早点)	
9:30—10:00	学习	
10:00—10:50	生活、个别化学习	
10:50—11:15	第一次阅读分享会: 1. 听完这个故事,你有什么感受? 2. 说一说在雨中你最想做的事情	大胆表述自己的想法,萌发去雨中探秘的愿望
11:15—11:45	生活(盥洗、午餐)	

(续表)

第三天(下午)		
时间	途径及形式	目标
11:45—12:15	自由活动:在室内观察窗户外的雨滴	体验书中主人公坐在公交车内,观察雨水打在窗户上的奇妙感受
12:15—14:30	睡前故事:《叶子小屋》	了解关于雨天的其他故事,为探索活动积累经验
14:30—15:00	生活(盥洗、点心) 阅读一刻:讨论雨天活动的物品准备	明确雨天活动所需物品
15:00—16:00	游戏	
16:00—16:15	离园活动:雨天活动安全公约	为雨天探秘做好安全方面的准备

第四天(上午)		
时间	途径及形式	目标
7:30—8:00	来园活动:自主阅读	关注书中的小细节
8:00—9:10	户外运动:好玩的雨	观察雨天小果园中的景物,初步感受雨天与晴天的不同
9:10—9:30	生活活动(早点)	
9:30—10:00	学习	
10:00—10:50	生活、个别化学习	
10:50—11:15	第二次阅读分享会:你觉得雨天在小果园里最好玩的事情是什么?	大胆表述在雨中的愉快经历
11:15—11:45	生活(盥洗、午餐)	

(续表)

第五天(上午)		
时间	途径及形式	目标
7:30—8:00	来园活动:小组阅读	体验与同伴共同阅读的愉悦
8:00—9:10	户外运动	
9:10—9:30	生活活动(早点)	
9:30—10:00	学习	
10:00—10:50	生活 个别化学习:个性化表达(美工区:自制图书《下雨啦》;音乐区:自编舞蹈《雨滴》)	在阅读和生活经验的基础上进行个性化的表达与展现
10:50—11:15	第三次阅读分享会:展示自制图书和自编舞蹈	在集体面前大胆介绍并展示自己的作品
11:15—11:45	生活(盥洗、午餐)	

活动进行到第二周,孩子们的兴致依然非常高。因此,陈老师继续利用"碎片时间",组织孩子们进行自主阅读、雨中探秘等活动。这一系列活动持续了近一个月,其间孩子们各方面的能力均得到了发展。同时,陈老师在观察、支持、整合等方面的能力也得到了提升。

通过这个案例,我们不难发现,第三重境界提升的不仅仅是幼儿的阅读能力和学习素养,而且显著地提升了教师的执教水平。综上所述,教师充分利用一日活动中的"碎片时间"来开展阅读活动,不仅切实可行,而且效果显著。因此,只要幼儿园提供时间和空间上的保障,且教师坚持每天进行阅读活动,孩子们就会发生显著的变化。心理学中有一句至理名言:"行为养成习惯,习惯铸成性格,性格决定命运。"我们的目标是培养终身阅读者,为了孩子们的今天和明天,让我们从最小的事情做起并立即付诸行动。

二、阅读模式的进阶之道

2017年,我们开始尝试围绕一本图画书进行主题式阅读,并逐步构建了一个由四个环节组成的阅读模式:集体共读—阅读辩论会—自主阅读/亲子阅读—个别化学习。随着研究的深入,我们基于实证调研发现该阅读模式存在以下问题:

第一,幼儿的阅读不自主、表达不充分。当前的阅读模式无法为每一个幼儿提供自主阅读、充分思考、多元表达的机会,且对幼儿的个体性差异发展关注不足。

第二,教师预设过多、倾听不够。四个环节的活动仍主要基于教师的预设,未能充分体现教师在日常活动中倾听、支持幼儿的重要性。

第三,课程模式过于固化,缺乏灵活性。要真正践行"幼儿发展优先"的理念,努力将其落实到课程实践之中并形成实践范式。

因此,我们亟须解析并重构原有的阅读活动模式,以实现阅读模式的全面变革和升级。基于这些问题,我们认识到重构阅读模式是转变教师理念、形成实践策略的关键。

(一)重组阅读流程,突破固化藩篱

针对幼儿阅读不自主这一问题,我们秉承"幼儿为本"的原则,通过调整阅读目标、改变活动形式、重组阅读流程并实施进阶措施的方式,将阅读的主动权真正还给幼儿,同时也为教师提供了更多的时间和机会去倾听孩子的问题和需求(如表1-6所示)。

表 1-6　阅读模式进阶之"重组阅读流程"

	阅读模式 1.0	阅读模式 2.0
活动目标	通过集体共读、自主阅读/亲子阅读,帮助幼儿熟悉故事人物和情节,激发阅读兴趣	为幼儿创设了充分的自主阅读机会,在此过程中,教师通过一对一倾听,全面了解幼儿在自主阅读中的兴趣点与遇到的问题,并在此基础上组织集体阅读活动
活动形态	单线递进	交叉推进
阅读流程	集体共读→阅读辩论会→自主阅读/亲子阅读	组合1:自主阅读→亲子阅读→集体共读/阅读讨论会 组合2:亲子阅读→自主阅读→集体共读/阅读讨论会 组合3:自主阅读→集体共读/阅读讨论会→亲子阅读 ……
存在的问题和进阶措施	存在的问题: 1. 第一次阅读活动由教师主导,幼儿缺乏阅读自主权 2. 教师无法充分倾听每一个幼儿的兴趣点、关注点和问题 ⬆ 不自主	进阶措施: 1. 打破了第一次阅读活动必须是集体共读的惯例,而是将自主阅读前置,为幼儿提供充分的独立阅读的机会,把阅读自主权还给幼儿 2. 幼儿进行自主阅读时,教师不作具体引导,重点观察记录(拍摄)幼儿阅读图画书的过程,捕捉他们感兴趣的画面和在阅读过程中产生的问题 3. 提供适宜的支持,满足个别幼儿独立阅读后想要表达的兴趣与意愿

(二) 变革阅读讨论,撬动深度学习

针对教师预设过多、倾听不够和幼儿表达不充分的问题,我们将阅读辩论会调整为阅读讨论会,并将原先自上而下的预设方式改为自下而上的倾听和推

动。这样做的目的是关注幼儿在阅读过程中的感受和阅读后的发现,从而使"幼儿发展优先"的理念在实践中得到进一步的落实(如表1-7所示)。

表1-7 阅读模式进阶之"变革阅读讨论"

	阅读模式1.0	阅读模式2.0
活动环节	阅读辩论会	阅读讨论会
活动目标	1. 通过师生互动和生生互动,解决教师预设的思辨性问题以及部分幼儿在阅读过程中产生的问题 2. 培养幼儿的倾听、表达和思辨能力	1. 开展以分享为主的阅读讨论活动,解读幼儿在阅读过程中发生的真实问题,满足他们分享、互动、探索、表达的需求 2. 基于幼儿的兴趣,推动其语言、情感、思维等方面能力的发展
活动形态	自上而下	自下而上
存在的问题和进阶措施	存在的问题: 1. 对幼儿当场提出的问题,教师无法及时分类、甄别和有效回应 2. 预设思辨性问题对教师的专业化挑战很高,很多教师无法驾驭 3. 并非每本图画书都具有思辨特质 ⬆ 不开放	进阶措施: 1. 在活动中给予幼儿表达阅读兴趣和情感的机会 2. 教师事先对幼儿在阅读过程中产生的问题进行梳理、归类和解读,然后通过活动设计进行相应的回应: (1) 认知类问题(画面、色彩、形象、情节等),采用生生互动的方式予以回应; (2) 情感类问题,支持幼儿用不同方式进行表达; (3) 价值判断类问题,需要教师事先进行提问设计,引导幼儿充分表达自己的观点

以大班阅读《好消息,坏消息》为例,对进阶前后教师的提问设计与幼儿的回应进行对比,我们发现,阅读辩论会和阅读讨论会带来了不同的效果。

1. 关注阅读时的感受:从"认知经验"到"情感链接"

阅读辩论会主要关注幼儿思辨能力的培养,于是活动一开始便直接提问:"你们有什么问题吗?"然而,由于集体共读过程中幼儿的阅读并不充分,再加上个体性差异,所以一方面导致幼儿缺少发现问题的机会,另一方面也使教师无法充分了解幼儿关注的问题。因此,活动初始通常只有少数幼儿能就图画书本身提出一些认知类问题。教师通常会用很短的时间通过生生互动来解决这些问题,随后便提出预设的思辨性问题,进入辩论会的核心环节。所以,尽管教师在活动一开始便提问"你们有什么问题吗?",但是这一问实际上只作为活动的引导,并未能真正达到了解并解决幼儿问题的目的。在活动的最后,教师关注的仍然是让幼儿获得认知层面的经验。

相较之下,阅读讨论会则是在幼儿自主充分阅读的基础上,设计了"你最喜欢书里的什么呢?"和"这么有趣的书,你还想给谁看?"等问题,着重关注幼儿在阅读过程中的兴趣和阅读后的感受,引导幼儿从"认知经验"转向"情感链接"。这种方式激发了幼儿多角度的思维,促成了认知经验的转换与迁移,丰富了幼儿的情感表达(如表1-8和表1-9所示)。

表1-8 活动开始环节进阶前后教师提问设计与幼儿回应对比表

	教师提问	幼儿回应
阅读辩论会	上次我们一起读了这本书,你们有什么问题吗?	小老鼠为什么住在草地里? 为什么小兔子那一页画的都是好消息,而小老鼠那一页画的都是坏消息? ……
阅读讨论会	你最喜欢书里的什么呢?	人物关系 前后环衬 故事情节 画面内容 色彩搭配 ……

表 1-9　活动结束环节进阶前后教师提问设计与幼儿回应对比表

	教师提问	幼儿回应
阅读辩论会	有办法把坏消息变成好消息吗？	如果能避免这些坏消息就好了 如果找到小兔子，就能不断收到好消息 ……
阅读讨论会	这么有趣的书，你还想给谁看？	给我的朋友看，因为她也碰到了《好消息，坏消息》里面的事情 给山区的孩子看，因为他们没有这种书 ……

2. 关注阅读后的发现：从"教师预设"到"幼儿生成"

在以往的阅读辩论会中，教师通常会预设一到两个思辨性问题，以此与幼儿展开讨论和辩论。然而，这些由教师主导的问题往往脱离幼儿的实际经验，且难以触及每个幼儿的发展需求。那么，如何确保每个幼儿都有机会进行充分思考并完整表达自己的观点呢？

于是，在阅读讨论会中，教师营造了以分享为主的宽松、自由的氛围。在第一环节"分享阅读兴趣"后，教师通过提问"关于这本图画书，你们有什么问题吗？"，从而引入"讨论阅读过程中发现的问题"环节。教师根据预先搜集的信息，有序地引导幼儿围绕多个不同层次的"真问题"进行讨论、共同研究以及表达各自观点，帮助幼儿形成自己的看法和思考。这种从"教师预设"向"幼儿生成"的转变，不仅关注了所有幼儿的实际需求，也营造了以幼儿为中心的学习环境，激发了幼儿自主学习、独立思考的能力和勇于表达的意愿，为培养具备哲学思维能力的学习者奠定了基础（如表 1-10 所示）。

表 1-10 辩论/讨论环节进阶前后教师提问设计与幼儿回应对比表

	教师提问	幼儿回应
阅读辩论会	为什么同一件事,兔子看到的都是好消息,而老鼠看到的都是坏消息呢?	因为小兔子聪明 因为小兔子运气好,小老鼠比较倒霉
阅读讨论会	关于这本图画书,你们有什么问题吗?	如果苹果掉在小兔子头上,她会认为这是坏消息吗? 如果小兔子脸上糊满了果酱,她会认为这是好消息吗? 为什么小兔子眼睛里看到的都是好消息,而小老鼠眼睛里看到的都是坏消息呢? 小老鼠最后改变了吗? ……

(三) 拓展阅读时空,丰盈阅读体验

针对课程柔性不足的问题,我们尽量拓宽活动的时间和空间,充分利用幼儿园、家庭和社区的资源,让幼儿在多样化且富有渗透性的活动中进行充分的表达与展现。这样的做法旨在保持幼儿对阅读的兴趣,提升他们的阅读能力,并进一步提高他们的学习素养(如表 1-11 所示)。

表 1-11 阅读模式进阶之"拓展阅读时空"

	阅读模式 1.0	阅读模式 2.0
活动环节	个别化学习	渗透性活动
活动目标	基于主题核心经验,丰富班级个别化学习材料,支持幼儿持续阅读、自主学习探索和表达表现	基于主题核心经验,以"满足幼儿需求、关注个体差异、注重真实体验"为宗旨,对班级、幼儿园、家庭、社区的阅读资源进行开发与整合,拓展阅读活动的时间和空间,实现"书内和书外""园内和园外"的有效连接,使幼儿在丰富多元的渗透性活动中保持阅读兴趣,提高阅读能力,提升学习素养

(续表)

	阅读模式 1.0	阅读模式 2.0
活动时空	在班级范围内按课表开展	在幼儿园、家庭、社区范围内按需开展
存在的问题和进阶措施	存在的问题： 1. 对幼儿自主学习的潜质挖掘不够 2. 学习场域、资源和形式有限 不充分	进阶措施： 1. 班级： （1）在各区域引入阅读元素，提供丰富的个别化学习材料，满足幼儿个性化探索与表达的需求； （2）在阅读讨论会的基础上，开发小规模、常态化形式的"小优圆桌派"，进一步关注幼儿不同的发展需求，推动幼儿语言与思维发展 2. 幼儿园：打造"小优阅读八乐园"，为幼儿提供沉浸式阅读和自主学习、表达表现的环境 3. 家庭：根据主题阅读核心经验，为家长提供导读方案，开展有效指引 4. 社区：挖掘社区资源，丰富幼儿的阅读体验

（四）实践成效

阅读模式的进阶提升使得幼儿在充分且自主的阅读基础上能够分享阅读的乐趣，共同探讨阅读过程中遇到的问题。在丰富多元的阅读环境中，幼儿能够保持对阅读、探索和表达的浓厚兴趣。这不仅培养了幼儿的阅读素养，还发展了他们的高阶思维，提升了他们的艺术审美能力，并促进了他们的社会性发展。近年来，我园的幼儿在区级以上的各类专题研讨或展示活动中表现出色，赢得了相关专家和同行的一致好评。

在阅读模式进阶升级的过程中，教师的教育理念发生了显著转变：从"我预设幼儿会怎样"走向"我追随幼儿的脚步"，从"想听到幼儿说什么"走向

"洞察幼儿表达背后的思维"。"幼儿发展优先"的理念在多次讨论和实践中逐渐内化并显现出来。我园的教师参加了超过30次区级以上的阅读讨论会,并在《上海托幼》《嘉定教育》《进修与研究》等杂志上发表了超过150篇相关论文和案例。

此外,为了更好地发挥阅读的育人作用,我们以课程化的方式将零散的阅读活动进行了整合。针对"慧阅读"活动的需要,我们梳理了适宜小、中、大班三个年龄段进行主题式阅读的256本图画书,设计了56节以突出幼儿主体地位、突显幼儿能力为宗旨的教学活动,开发了36套主题式阅读活动的配套资源,形成了一个丰富多元的课程资源库,为教师的专业发展提供了强有力的支持。

作为嘉定区大视野课程"慧雅阅读"研究共同体的领军单位,我园不仅向区内的5所幼儿园展示了成果,分享了经验,还通过其他5个研究共同体,向区内总共36所幼儿园推广了我园的阅读教学范式,共举办了26场区级展示活动,并开展了15场"助力阅读 点亮童年——3~6岁幼儿100本读物的研究"等展示活动,以此将我园的阅读教学经验向市级层面推广,发挥辐射效应。我园还参与了上海市教研室组织的"阅读开端计划"项目的研究与推广,并通过"新秀教师在课堂——上海基础教育助力'新秀'教师教学展示与教学论坛(学前教育专场)",向全国推广了6场阅读活动。此外,在2022年,我园共制作了135个亲子阅读指导活动的推文,受到了家长和社会各界的广泛好评。

图画书的内涵丰富、教育价值多元。我期待在实践中获得更多经验,在交流中获得更多启发,为孩子们开启一扇通往阅读世界的大门,引领他们开始一生的爱读书之旅。

第四节 阅读环境的创设

"学习环境"这个概念随着学习科学的发展而兴起,并逐渐成为教育教学研究中一个重要而独立的领域。在幼儿教育中,创设良好的学习环境对于促进有效学习和深度学习具有至关重要的作用。幼儿园作为孩子们的"白天之家",不仅是知识启蒙的场所,也是孩子们探索世界、发现可能性的园地。在这里,环境是一种隐形的教育课程。若想以阅读为钥匙,打开通往未来的大门,幼儿园阅读环境的创设就显得尤为关键。

一、让班级活动室充满浓浓的阅读氛围

班级活动室是孩子们一天中最重要的活动场所,其阅读环境的打造对于激发孩子们的阅读兴趣,帮助他们形成阅读习惯、提升阅读能力来说至关重要。基于多年的研究、思考和实践,以下是从幼儿的视角出发,对班级活动室阅读环境的创设目标、创设原则、创设区域及要点的梳理。

(一)创设目标

创设能够引发幼儿阅读行为的班级活动室环境,有心理和物质两个维度的创设目标。

1. 心理维度

(1)随时读:确保幼儿在有时间和有意愿的情况下,能够随时获取书籍进行阅读。

(2)喜欢读:班级活动室内的书籍应能够吸引幼儿的注意力,激发他们的

阅读兴趣。

2. 物质维度

（1）有书读：保证班级活动室的每个区角都配备了丰富且适合的阅读材料，供幼儿阅读。

（2）可表达：幼儿在阅读完毕后，应有机会在语言、科学、艺术等多个领域进行自主表达和展现。

（二）创设原则

1. 全覆盖

每个区角均应提供阅读材料，包括绘本、有声读物、自制资源手册等。

2. 适宜性

应根据幼儿的需求和所设置的区角的不同，提供适宜的阅读材料，这些材料应包括工具书、情感类绘本以及师生和家长共同搜集的资料等。

3. 丰富性

阅读材料应多样化，既可以包括纸质和非纸质材料，也可以涵盖平面和立体资源，同时融合情感类、认知类、游戏类内容，尤其应重视中国原创的阅读材料。

4. 多元化

应根据不同区角的特质，提供多样化的记录方法和多途径的表达支持，以满足幼儿不同的阅读活动需求。

（三）创设区域及要点

1. 阅读区

阅读区的设置如表 1-12 所示。

表 1-12 阅读区的设置

区域设置	材料与功能	创设要点
看书区	纸质书	1. 要包含情感类、认知类、游戏类这三类绘本 2. 可配备沙发、软垫等,为幼儿提供舒适的阅读环境
听书区	故事分享器	录有和绘本配套的故事
听书区	配有点读笔的电子书	包含具有点读功能的自制电子书
表达区	记录问题	1. 创设问题板、故事板,为幼儿的记录提供保障 2. 各种记录纸、油画棒、记号笔
表达区	好书点赞	1. 好书点赞版面 2. 自制点赞玩具
表达区	自制图书	1. 图书制作的步骤 2. 各种制作图书的材料(纸、笔、双面胶等)
修补区	剪刀、固体胶、透明胶带、废旧材料	提供一个区域,将破损的书收集起来,便于幼儿进行简单的图书修补

案例1:好书点赞

【设计思路】

在幼儿有了初步的阅读兴趣之后,教师应有意识、有目的地引导幼儿进行阅读。因此,我们通过"好书点赞"活动激发幼儿的阅读兴趣,并关注幼儿在阅读过程中的阅读习惯、对图书的理解和表达能力等方面。

【操作要点】

第一阶段:准备阶段——了解幼儿的需求,进行经验准备。

(1) 讨论需求

在图书馆活动后,教师组织幼儿讨论:"你最喜欢看什么书?"通过孩子们的回答,教师可以梳理出幼儿偏好的书籍类型。

(2) 图书大收集

每个孩子挑选自己最喜欢的三本书,分别为故事类、游戏类、百科知识类,然后带到幼儿园。教师负责组织幼儿对图书进行分类,贴上不同颜色的标签并编号,以准备图书上架。

(3) 图书上架

在阅读区特设一个书架,贴上对应的三种颜色的标识和标签,与孩子们一起把收集来的图书上架。

(4) 布置"点赞专区",并提供点赞贴纸

第二阶段:活动阶段——解读"点赞版面",理解活动规则。

在每周的自主阅读时间、自由活动时间或个别化学习活动的语言区活动时间,孩子们可以进行阅读和点赞。

第三阶段:交流、表达、展示阶段。

(1) 评选"最受欢迎的书"——活动过程中定期举行

通过统计每本图书在点赞版面上获得的点赞数,选出"最受欢迎的书",并组织分享活动,让孩子们讲述他们喜欢某本书的原因,或分享阅读后的感受。

(2) "好书推荐会"——新书上架前进行

在新书上架前,教师要指导幼儿对先前收集的书籍进行合理安排,以确保故事类、游戏类、百科知识类三类书籍的数量均衡,并专门划出时间举行"好书推荐会"。该活动旨在提高幼儿对图书内容的理解能力和语言表达能力,同时激发幼儿对新书的兴趣。

(3) "喜欢你的理由"图书涂鸦——学期末进行

涂鸦是幼儿在阅读后表达对图书理解的一种形式。在学期结束时,教师将组织一次"涂鸦活动",让孩子们回顾自己的阅读经历,回忆所阅读图书的内容,同时在一种自由、开放的环境中记录下对图书的理解和感受。

2. 小舞台

小舞台的设置如表 1-13 所示。

表 1-13 小舞台的设置

区域设置	材料与功能	创设要点
准备区	废旧材料、工具书	1. 需要有一个"小舞台"的区域 2. 应摆放多种多样的道具 3. 为绘本表演、剧本表演等各种表达表现提供物质上的支持 4. 需要有一个制作道具的区域
表演区	绘本表演：基于幼儿感兴趣的绘本的表演	1. 需要有和绘本内容相匹配的表演场景 2. 有与绘本表演相关的道具
表演区	剧本表演：基于幼儿自主创编的剧本的表演	1. 需要有和幼儿自主创编的剧本相匹配的表演场景 2. 有幼儿自制的表演道具

案例2：母鸡萝丝去散步

【设计理由】

我们以图画书《母鸡萝丝去散步》为例，开展了一系列的阅读活动，如故事导读、自主阅读、阅读分享会、亲子阅读、阅读辩论会等，旨在为幼儿提供多种形式的支持。这些活动使幼儿能够充分体验和探索，在自主的状态下积极构建知识和经验。在自主阅读和自由活动中，我观察到一些孩子萌生了表演故事的想法，他们会模仿故事中的动物形象和情节。因此，我引导孩子们尝试进行表演。

【实施流程】

（1）开展讨论

我们组织幼儿讨论："演一演需要哪些准备？"通过讨论，孩子们决定分为道具组和表演组，各自负责表演的准备工作。

（2）分头准备

① 表演组：孩子们通过自荐竞选的方式确定角色并自发排练。在排练过

程中,他们认真模仿故事画面,协调出场顺序和动作表现,并在家中寻求家长的帮助,寻找合适的衣物和饰品以增加角色的真实感。

② 道具组:在教师的指导下,孩子们运用绘画、剪贴等方法,在美工区活动时间制作相关的故事场景、表演道具和动物头饰。

(3) 登台表演

准备就绪后,我们邀请隔壁班的孩子们来观看表演。在表演当天,孩子们早早地就来到图书馆进行最后的准备,包括布置场景、戴上头饰和穿上表演服装。在表演过程中,孩子们全情投入,按照旁白提示有序出场和表演。表演结束后,观众热烈的掌声让孩子们脸上露出幸福的笑容,他们不仅体验到了阅读的乐趣,还懂得了主动探索和合作的重要性。

3. 其他区角

其他区角的设置如表 1-14 所示。

表 1-14 其他区角的设置

区角名称	阅读材料	创设要点
美工区	1. 基于幼儿不同的学习需求,提供可以提升技能、拓宽视野的工具书或图谱 2. 根据幼儿的兴趣,提供和当前主题有关的书或图谱	1. 选择与区角内容相匹配的书本 2. 书本内容易于幼儿进行模仿和创作(如美工区和建构区) 3. 根据幼儿的活动进程及时更新书本
探索区		
建构区		
种植区		

案例3:升级后的美工区

【设计理由】

考虑到幼儿的个体性差异,我们提供适合不同能力层次幼儿使用的技能类书籍;结合当前热点,我们提供能满足幼儿持续表达需求的热点类书籍;为了拓宽视野,我们提供能激发幼儿多样创意表达的创意类书籍。

【材料投放】

(1) 技能类书籍

① 单页画面：根据幼儿的年龄特点和主题内容，选择相关的折纸、线描、创意制作等页面。通过拍照、编辑和打印，将这些内容制成单页操作步骤图，并展示在美工区的墙面、柜子和桌面上。幼儿可以根据需要选择这些单页，并按步骤图上的提示，选择合适的材料进行美工活动，包括剪切、折叠、绘画等。

② 整本书籍：提供完整的书籍供幼儿选择，以便他们根据个人需要搜索相关内容，进行美工创作活动。幼儿可以欣赏整本书籍，选择自己感兴趣的内容进行创作。

(2) 热点类书籍

① 当下主题用书：根据当前的主题内容，选择合适的书籍放置在美工区，满足幼儿模仿的需求和基于集体活动内容继续表达的需求。例如，提供《我妈妈》《我爸爸》这样的书籍，可以满足幼儿绘制家人、表达与家人之间亲密互动情感的需求；提供《各种各样的车》，可以满足幼儿继续观察、绘制各种车辆的需求。

② 可供探索的书：结合探索活动或幼儿近期的兴趣点，提供相应的书籍支持他们的探索。例如，提供《小青虫的梦》《苹果与蝴蝶》《蜗牛》，让幼儿能够更清晰地观察小青虫、蝴蝶和蜗牛的外形特征，了解它们的生活习性和生长变化。

(3) 创意类书籍

图画书中的美工创作形式丰富多样，这些多样的形式能够拓宽幼儿的视野，激发他们的创意表达。例如，《好饿的毛毛虫》《田鼠阿佛》《云朵面包》《北冥有鱼》《寻猫启事》《虎年的礼物》《小蓝和小黄》《在森林里》等，都能给幼儿带来新的创意灵感。

案例 4：建构区

【设计理由】

在我们的班级中，孩子们特别喜欢《地下 100 层的房子》《海底 100 层的房子》《100 层的巴士》等图画书。这些书籍以其丰富的想象力和引人入胜的大拉页,带领孩子们遨游四方,极大地激发了他们的想象力。不论是一起阅读还是独自阅读,这些图画书都能给孩子们带来极大的乐趣。孩子们在阅读过程中对书中描述的高达 100 层的房子感到惊讶,在建构区建造时也常表达出类似"我也要搭 100 层的房子"或"我要在这层楼里造一个游乐场"等想法。因此,我们决定在建构区增加这类图书,以进一步激发孩子们的建构欲望和想象力。

【实施流程】

(1) 提供书籍

在充分了解幼儿的需求和兴趣之后,我们在建构区投放了一系列能够促进幼儿建构行为的书籍,包括《地下 100 层的房子》《海底 100 层的房子》《100 层的巴士》《忙忙碌碌镇》等。

(2) 幼儿阅读

幼儿可以根据自己的需求在建构区自由翻阅这些书籍,从中获取灵感。结合书中的真实图片和自身的创造力,孩子们可以自由发挥,进行建构活动。

(3) 交流分享

在建构作品的交流分享环节,孩子们不仅展示了模仿的作品,还创造了许多新颖的、前所未见的作品。尽管有些作品由于孩子们能力的限制而与实物有所区别,但在交流分享的过程中,孩子们仍然能积极地展示自己的作品,并兴致勃勃地讨论作品的特点和用途。这不仅激发了他们对自己作品的兴趣,也显著提升了他们的创造力。

案例 5:种植区

【设计维度】

(1) 提供不同维度的阅读材料,引导幼儿管理、观察

① 非主题阅读材料

A. 管理公约图:解释"自然角"管理员的职责,通过图示让幼儿明白需要执

行的任务。

B. 养护知识图：介绍如何更好地养护植物。例如，绿萝需要浇一杯水，多肉植物仅需要给半针管水。孩子们为每盆植物制订"养护须知"，通过日常照料了解植物对水分的需求差异。

② 主题阅读材料

秋天来了，孩子们发现"自然角"内植物的叶子有的变黄发黑，有的掉落了。他们纷纷讨论起来："快看，这盆植物的叶子都掉下来了！""这片叶子有的地方有点黄，有的地方有点红。""咦，为什么一盆植物有的叶子掉了，有的没掉呢？"针对此现象，教师组织了一次以"叶子"为主题的活动，并提供了相关阅读资料。

A. 认知类绘本：在"自然角"中，我们投放了放大镜、记录纸、一些与树叶和植物相关的书籍，如《101个植物的实验》《叶子真奇妙》等，拓宽了幼儿的视野，引发了他们新的兴趣。例如，孩子们在《叶子真奇妙》中发现了"叶脉书签"的制作方法，产生了浓厚的兴趣。于是，我们共同收集材料并尝试制作书签，孩子们在亲自动手操作的过程中进一步积累了对叶脉的认识。

B. 情感类绘本：我们投放了与生命相关的绘本《一片叶子落下来》，启发幼儿以一片树叶的视角去观察这个世界，初步感知生命存在的意义。正因为有了对生命的理解，孩子们照顾"自然角"中的植物时更加细心了。

(2) 提供不同形式的记录材料，引导幼儿多元表达

① 每日观察，记录点滴

在每日的"自然角"活动中，孩子们不仅是动植物的照料者，还是细心的记录员，他们以符号、图画的形式记录下自己的发现，形成了一本本观察记录本。"水仙花和大蒜究竟有什么区别？"围绕这个问题，孩子们进行了为期两个多月的对比观察与记录，最终以思维导图的形式呈现了他们的认识。

② 大师引领，爱上写生

在"自然角"中，除了将每日看到的、做的事情记录下来，写生画也是孩子们最喜欢的活动之一。我们给孩子们提供了梵高、莫奈等大师的花卉作品，鼓励

他们模仿大师的作品,画出属于自己的一幅幅作品。

4. 亲子阅读区

亲子阅读区的设置如表1-15所示。

表1-15 亲子阅读区的设置

区域名称	阅读材料	创设要点
图书漂流站	经典图画书	选择适合幼儿的年龄特点和阅读能力的图画书
	漂流书袋	幼儿可以自主装扮个性化的漂流书袋,也可亲子合作完成
	漂流手册	在漂流手册中注明漂流规则
	好书推荐版面	在漂流版面上张贴学期漂流书目、本期推荐图画书、亲子阅读互动内容等
亲子阅读区	图画书 立体书 布书 有响声的书	1. 在走廊中平均分布各具特色的亲子阅读区域 2. 根据主题或季节特征更新图画书 3. 根据需要创设教师或亲子共同推荐的书本的版面

案例6:图书漂流活动

(1) 活动价值

图书漂流活动通过在幼儿园与家庭之间传递儿童图书,实现了优质儿童图书资源的共享。该活动不仅促进了亲子阅读经验和方法的分享与交流,而且提升了家长的亲子阅读指导能力。对于3~6岁儿童而言,这一活动有效激发了他们对早期阅读的兴趣,并培养了他们的阅读能力。

(2) 漂流方式

主要的漂流方式:选择图画书→建立班级书库→教师创设图书漂流站→家

长和幼儿根据书目选择图书并登记→放漂→收漂→亲子阅读→回漂→下一个家庭循环……

这一流程是循序渐进的,随着漂流体验的积累,可以在不同年龄段强调不同的侧重点。

小班:以培养兴趣、熟悉图书漂流流程为主。

中班:侧重多种图书的阅读体验,尝试亲子记录漂流手册。

大班:阅读多种题材的儿童图书(如散文、诗歌、漫画、游戏书、科学知识类图书等),在漂流手册中个性化地表达自己的阅读体验。

案例7:小班亲子阅读区的创设

【活动由来】

我们通过问卷调查了解到,约77%的家长没有固定的每日亲子阅读时间,只有23%的家长每日都会为孩子讲故事。同时,45%的家长在陪伴孩子阅读时会分心看手机、做家务等。这一现状引起了我们的关注,因此我们决定在小班的走廊设置专门的亲子阅读区,鼓励家长全神贯注地陪伴孩子阅读,同时通过版面布置等方法指导家长如何高效开展亲子阅读。

【活动过程】

第一阶段:我们针对小班幼儿的年龄特点,挑选并确定了合适的亲子阅读主题。

(1)各种各样的书:提供立体书、布书、有声音的书等,旨在激发幼儿对书籍的兴趣。

(2)故事小剧场:将图画书中的角色制作成手偶,让幼儿在教师设立的小剧场中参与表演。

(3)亲子图书推荐:让幼儿和家长一起推荐他们喜欢的图画书,分享阅读过程中玩的小游戏和讨论的话题。

(4)好书点赞:教师和幼儿每期共同推荐五本图画书放在班级中。孩子们在集体欣赏、亲子阅读、自主阅读后,对自己最感兴趣的书进行投票,选出最受欢迎的书籍,并在"好书点赞"版面展示。

第二阶段:确定主题后,我们立即购置了合适的家具和图画书,打造了温馨且各具特色的亲子阅读区域。

第三阶段:布置完成后,我们根据主题的变化及时调整图书的内容和材料。

二、儿童图书馆的创设

我园的儿童图书馆在 2009 年因幼儿园整体迁移而重新建立,并在 2017 年暑假期间进行了一次修缮。此次更新包括重新规划布局、更换桌椅和书柜,图书馆焕然一新。在整个创设和更新的过程中,我们坚持一个原则:这是属于孩子们的图书馆,所有的决策都应以孩子们的需求和意愿为主导。

(一)创设原则

1. 以"始"为终

"始"包含两层意思:一是指以幼儿的需求为出发点和落脚点,因为这是孩子们的图书馆,所以在创设之前,我们先通过访谈调查,在了解了幼儿的需求后,再进行环境创设;二是指创建儿童图书馆是为了给孩子们打开一扇阅读之门,激发他们的阅读兴趣,培养他们的阅读习惯,提高他们的阅读能力,为使他们成为终身阅读者奠定基础。

2. 从"心"而动

情感类图画书在图书馆的图画书中占有最大比例。在这个类别的版面上,幼儿画的是一群孩子围着一颗大大的"心",表示这些书表达的是和爱有关的永恒主题。根据对孩子们的了解和生活经验,我们将这些图画书细分为 15 个小主题,如"我爱我家""保护牙齿""情绪管理""环境保护""战胜恐惧""面对死亡"等,并由孩子们自己设计标记以便查找。

3. 因"研"而设

为深入了解幼儿的阅读行为,包括他们的兴趣偏好、性别差异以及各本图画书的受欢迎程度等,我们在图书馆中引入电子录入系统。孩子们借书时,只需要将借书卡和书籍放置于电子台面上,系统便会自动生成数据并加以统计。这些数据为我们进行教学研究、图画书采购等提供了重要依据。

(二)实施流程

1. 调研

我们通过个别访谈的方式,针对中、大班幼儿开展了"儿童图书馆环境创设小调查"(我园的图书馆主要供中、大班幼儿使用),旨在深入了解孩子们的阅读经验、视角及需求。本次调查主要关注以下几个问题:

(1)你想看什么样的书?

(2)你喜欢怎样看书?

(3)来到图书馆,你最想干什么?

(4)你喜欢什么样的图书馆?

2. 设计

基于调查结果,通过综合分析,我园形成了具体的设计思路(如表1-16所示)。

表1-16 调查结果分析

问题	孩子的需求	我们的设计
你想看什么样的书?	我喜欢看关于动物的书 我喜欢看关于科学的书	提供认知类图画书,内容以自然、科学为主
	我喜欢看故事书	增加故事类图画书的数量
	我想看好玩的书	提供游戏类图画书,内容以寻物、拼图、走迷宫为主

（续表）

问题	孩子的需求	我们的设计
你喜欢怎样看书？	我喜欢和我的好朋友一起看书	在窗边设置适于两到三人共同阅读的小长椅
	我喜欢抱着毛绒玩具看书	提供与图画书内角色相关的毛绒玩具
	我喜欢坐在地上看书	提供各种大小的地毯，以满足幼儿坐在地上看书的需求
来到图书馆，你最想干什么？	我最想看好看的书	提供各个种类的图画书
	我想把破掉的书修好	创设"图书小医院"，供幼儿修补图书
	我喜欢看着书编故事	创设"出版社"，供幼儿创编图书
	我想把自己看到的故事表演出来	创设"表演区"，供幼儿表演书上或自创的故事
你喜欢什么样的图书馆？	图书馆应该有很多很多书	提供五千余本图画书
	我想要一个安静的图书馆	创设"小贴士"提示版面，提醒幼儿注意图书馆规则
	我有的时候不想看书，想要听故事	创设"视听区"，供幼儿听故事
	我想要快点找到自己想看的书	1. 请幼儿参与设计图书馆平面图 2. 请幼儿为每一类图画书绘制小标签，并在每一本书上贴好小标签，方便幼儿借书和还书

3. 实施

（1）按功能划分图书馆区域

图书馆被细致地划分为五个主要功能区域：阅读区、表达表现区、视听区、分享区以及服务站，以满足幼儿不同的阅读和学习需求。

① 阅读区：这个区域占据了图书馆三分之二的空间，并被进一步划分为四个特色小区域。

A. 中国原创绘本区：展示华人原创的图画书，包括"丰子恺儿童图画书奖"的获奖作品。

B. 情感类图画书区：按内容细分为15个子主题，如生活自理、饮食健康、保护牙齿等，以覆盖生活中的各个方面。

C. 认知类图画书区：涵盖科学知识、自然生物、社会生活等内容，以拓宽幼儿的知识领域。

D. 游戏类图画书区：提供寻物、拼图、走迷宫等互动性强的图画书，以丰富幼儿的阅读体验。

② 表达表现区：这个区域专为喜爱根据图画书内容进行表演的幼儿设计。孩子们每周去图书馆的时间只有约45分钟，为了方便他们尽快投入表演，获得更好的体验，我们建议：

A. 设计与近期热门主题相关的图画书场景。

B. 提供半成品道具，帮助幼儿快速准备并参与表演。

C. 鼓励幼儿将在班级中制作的道具带至表演区使用。

③ 视听区：在这个区域中投放点读笔、创设电视墙等，以满足幼儿多样化的阅读需求。

④ 分享区：这个区域的主要功能是组织集体欣赏、开展分享交流和小组讨论活动。

⑤ 服务站：这个区域包含幼儿借阅平台和供幼儿修补图书的"图书小医院"。

（2）有目的地投放装饰物

因为装饰物可以使环境变得温暖温馨，增加亲近感，所以毛绒玩具、靠垫、地毯都是必需品。我们精心挑选了与图画书中角色相似甚至相同的毛绒玩具。同时，允许孩子们在靠垫上绘制他们喜爱的图画书中的角色或场景，以此激发他们的创造力和个性表达。此外，这些毛绒玩具和靠垫也可以作为幼儿在表演活动中使用的道具。

(3) 让幼儿参与环境创设

在环境创设的过程中,我们鼓励幼儿积极参与。例如,设计并制作版面、分类标签、平面图,制定规则,等等。这样做大大增强了孩子们的"小主人意识",他们对图书馆的感情更深了。

(三) 试用和调整

在图书馆的初创阶段完成后,我们邀请中、大班的孩子们进入图书馆,开展了一项名为"大家来找茬"的活动。此活动旨在让孩子们从自己的视角出发,探寻图书馆各个方面可能存在的问题。依据孩子们发现的问题,我们再次进行了分析和调整,以确保图书馆环境更加贴近幼儿的实际需求和预期(如表 1-17 所示)。

表 1-17 图书馆的调整

中班孩子找的"茬"	我们的调整
羊没有眼睛,我觉得不漂亮	请孩子们给小羊和小鹿贴上眼睛
如果黑板(电子白板)上有好看的图案就更好看了	在黑板(电子白板)上做一些装饰
"认知类"版面上,只有小女孩,没有小男孩,我觉得不好看	在"认知类"版面上,贴上小男孩头像
桌子放在书柜边上有点挤,最好放在中间一点	将桌子移到相对空旷一点的地方
柜子边上的小路(通道)有点窄,小朋友们走路不方便	重新搬动柜子,为孩子们留出更宽的通道
大班孩子找的"茬"	我们的调整
天气冷了,可以在大树书架下面放一些垫子,给容易感冒的小朋友们坐	在树形书架下铺上垫子

(续表)

大班孩子找的"茬"	我们的调整
阁楼上可以再放一些书	原计划在阁楼上创设视听墙,在工程尚未完成的情况下,我们决定先行摆放一些图书。这样,喜欢安静环境的孩子们就可以在阁楼上享受阅读的乐趣
大树书架可以再做一些装饰,比如贴一些真的树叶	在树形书架上放一些吊饰
桌子上的绿萝太多了,不太好看	将绿萝分散摆放
椅子上不适合放靠垫,放了靠垫小朋友们就没有地方坐了	将靠垫放置在椅子旁边,供需要的孩子使用
小羊和小鹿架子上也可以放一点书	在小羊和小鹿架子上放置图书和装饰品
书柜上面可以再放一点装饰品,有点空	在书柜的柜面上添置小装饰品

图书馆自启用以来,深受孩子们的喜爱。我们设置的"小读者意见箱"不断地收到孩子们的反馈和建议。2021年,我们立足"幼儿发展优先"的理念,结合孩子们的意见,对图书的标识和陈列再次进行了调整与优化,使图书的识别、寻找和归还过程更加便利。我们始终坚信,倾听孩子们的声音至关重要,因为他们才是图书馆真正的主人。

长期沉浸在阅读的世界中,我也获得了巨大的能量。2010年,因健康原因,我的岗位从书记兼园长转为专职书记。对我而言,这并不是对"前路"的告别,而是另一种形式的延续,为我开启了一段新征程。我将继续从书籍中汲取智慧,学习更多的行动理论,并将这些理论转化为实践。同时,我将继续坚守对教育的初心,铭记新征程的使命与责任,并以更加充沛的热情投身于党建事业中。

第二章　使命中的信念之光

教育是一种信仰,既需要塑造精神世界,也需要探索行动领域。在前行的道路上,我们应成为积极的变革者与创新者。何以如此?因为我们渴望与众多杰出之人为伍,使自己日臻完善。何为目的?引领群体,从平凡走向卓越,再由卓越迈向巅峰。只有立于群峰之巅,方能更清晰地洞察社会、历史与人物的全貌,在万千复杂之中坚定地追随先辈足迹,汲取力量,获得启示,把握时代赋予的机遇。这亦将赋予我们敏锐的洞察力与深邃的智慧,引领我们向更深处开拓。追逐着光的方向,我们会变得更加强大。

第一节　两个时刻,坚守一辈子的初心

教育的根本任务是立德树人。立德树人,既是政治性很强的专业工作,也是专业性很强的政治工作。要想教育事业取得成效,既需要专业的支撑,也需要党性的"加持"。党员在岗位上工作和学习时,多处于"寻常时刻",不用"赴汤蹈火"或面临生死考验。

然而,有"寻常时刻",就一定有"特殊时刻",并且这种"特殊时刻"往往难以预测。因此,在面对"特殊时刻"时,党员需要在极短的时间内做出重要决定:是先人后己还是先己后人?是生存还是牺牲?许多党员可能从未经历过这样的

"特殊时刻",因为特殊事件发生的概率较低。很多表现卓越的党员可能并未意识到当时处于"特殊时刻",而是凭借本能在关键时刻做出了令后人赞颂的行为。实际上,这是无数个经受考验的"寻常时刻"积累的结果。

鉴于在现实生活中我们大部分时间处于"寻常时刻",对每个党员而言,如何在这些时刻展现自己的价值便显得尤为关键。那么,在"寻常时刻",党员应该如何表现呢?我认为,至少应该做到以下"五有":

一、有共产主义理想,且坚定

作为共产党员,我们的信念是"马克思主义",我们的终极理想是"实现共产主义"。这既是每一位共产党员最初的选择,也是每一位共产党员一生的追求。

理想确立之后,我们还需要坚持不懈。在这变幻莫测的世界中,每个人都将面临诸多诱惑与考验,能否坚守理想、战胜诱惑,是衡量一个人是否成熟的重要标准。诚然,我党在推进国家建设、深化改革和持续发展的道路上遭遇过许多前所未有的挑战和困难,但这些都是暂时的。对社会主义的探索从来没有现成的教材可以照搬照抄,一切都要靠自己摸索。在这个探索的过程中,不仅有我们的领导人,还有广大党员和亿万民众。这不是某个个体的事业,而是全体中华儿女共同的事业。

二、有党规党纪观念,且坚决

无论是社会、国家、单位,还是团体甚至家庭,都有自己的规则制度,每一位成员都应遵循,否则,没有规矩便不成方圆。优良的传统和严明的纪律一直是我党在人民群众心目中光辉形象的来源之一。党章中明确规定了我党的纪律和每一名党员的权利与义务。因此,作为一名党员,必须坚决贯彻执行党章的要求。

三、有模范带头意识，且强烈

虽然党员多数时间都在从事自己的本职工作，但不应仅仅满足于此而忽视周围的群众。既然党员来源于群众，就应当成为群众的榜样。无论何时何地，党员都应以强烈的模范带头意识规范自己的言行，时刻注意自己的言行可能对群众产生的影响。

四、有公民道德素质，且高尚

每位公民都是社会中的一员，提升个人的道德素质是社会文明进步的必然要求。对共产党员而言，我们应做到襟怀坦荡、不图私利、勤勉实干。特别是党员教师，不仅需要具备这些道德品质，还需要做到"为人师表"。"为人师表"是职业道德的核心，也是培育出色人才的前提。只有品德高尚的教师，才能培养出优秀的学生，正所谓"育人先育己"。

五、有一定生活情趣，且健康

生活情趣指个人的兴趣爱好。每个人都应有自己的兴趣与爱好，这使得生活更为丰富多彩。健康向上的生活情趣能够陶冶情操、启迪智慧、完善人格。相反，低俗的生活情趣则可能毒害心灵，导致人性堕落。我们倡导每位党员都要有健康向上的生活情趣，这不仅能让自己的生活更加完美，也能正面影响周围的人，促进社会的和谐进步。

实际上，这"五有"是一名合格的共产党员应达到的基本标准。每一位党员入党时基本都能满足这些要求，因为他们是群众中的先进分子。然而，加入党组织并不意味着就可以停止自我提升。如果有这样的想法，那么是极其错误的。加入中国共产党只是信仰之路和修为之旅的起点。入党是一时的举动,而修炼是终身的任务。真正的挑战在于,随着时间的流逝和形势的变化,是否能坚持自己的理想信念、表率意识和道德修养。因此,"坚持"是每位党员在日常生活中不断自我完善的关键,只有不懈坚持,才能成为一名合格的共产党员。

第二节 抓"时"与"实",强师德优师风

  百年大计,教育为本。在教育的伟大事业中,教师扮演着至关重要的角色。对于教师而言,师德的重要性不言而喻。常言道:"教师是人类灵魂的工程师。"师德,作为教师职业道德的核心,体现了教师在教育活动中所持有的稳定的道德观念、行为规范和品质。师德是教师的灵魂,对学生的人格具有塑造作用,对全体教师具有示范作用,对全社会思想道德的建设具有引领作用。因此,师德建设始终是教师队伍建设的首要任务,也是学校工作的重中之重。

  随着时代的发展和社会的进步,师德建设的方向和方法成为每位教育工作者要面临的挑战。作为一名党支部书记和园长,我深刻地认识到师德建设的重要性。我园的教师队伍在事业心、进取心、奉献精神等方面已成为全区幼儿园的典范,不过我园的师德建设在内容和形式上需要进一步强化"时"与"实"。

  "时",一是指"时代性",师德建设必须与时俱进,敢于改革,勇于创新,使其具有时代的特征;二是指"及时性",在发现问题时,需要及时采取措施,防止小问题影响整个团队。

  "实"即"实在"与"实效"。师德建设应立足当前实际,脚踏实地地进行,并确保取得实际成效,避免形式主义,确保教师、学生和学校的未来不受损害。

  为实现"时"与"实",我提出了"五管齐下"的方法,通过案例剖析法、典范发现法、游戏演练法、评优鼓励法、专项考核法,全面加强师德建设。

一、案例剖析法

案例剖析法是一种通过共同讨论和分析周围发生的事件的方式,从而达成共识的教育方法。其核心在于内容上的针对性和适切性,以及形式上的由浅入深、寓小见大。该方法主要有以下两种实施形式:

(一)用"放大镜"剖析天下事

这种实施形式是设立"微型讲坛",定期组织讲座,每次持续 15～30 分钟,由党员或中层及以上干部担任主讲人,讲座内容围绕国内外热点事件。教师可以担任评委,对主讲人的讲课质量进行打分。评价的标准包括事件的热度、内容的权威性、讲课的生动有趣性等。这种形式既能激发教师对时事的关注,也能有效提升党员和中层及以上干部的分析和表达能力,实现双赢。

(二)用"显微镜"剖析身边事

这种实施形式是定期收集教师群体中存在的思想和行为问题,通过发放调查问卷的方式,让教师匿名表达自己的真实想法。问卷回收后,对结果进行分析,区分出达成共识的问题和存在分歧的问题,并重点讨论"分歧问题"。这种方式可以使关注度高、分歧大的问题得到深入讨论,以确保每位成员参与和讨论的效果。由于这种实施形式针对性较强,因此教师的参与程度较高,效果显著。

二、典范发现法

一所幼儿园便是一个缩小版的社会,形成良好的园风,需要营造适宜的情境与氛围。为此,我采用了典范发现法,即通过"发现典范→学习典范→成为典

范"的过程,营造良好的园风。典范发现法的特点如下:

第一,发现什么?在我们的学习与工作中,那些触动人心的细节,或许是一句话语,或许是一个行为、一种举止。

第二,典范指谁?我们幼儿园的教职员工。

第三,谁来发现?我们每个人均应自行发掘。

此法旨在告诉教师:典范并非遥不可及,实则近在咫尺。我们每个人都有闪光之处,都有机会成为被追随的典范。面对典范,我们应当学习并效仿,使典范行为能够影响每个人。具体做法如下:

(一) 人人是"星探"

自 1999 年起,我在公告栏中设立"闪光点"专栏,让大家都来做"星探",通过自己的眼睛观察周围同事身上值得学习与发扬的点滴,以便签形式在专栏中公开,并号召众人学习,成效显著。

(二) 年年写故事

自 2005 年起,我每年都会组织我园的全体教师参与"爱的 N 种方式——师德小故事征文"活动,并在教师节期间由新进教师宣传典范故事中的主人公,以此方式发掘师德典范,弘扬优良的师风师貌。入选的小故事会结集出版,每年新增一辑,作为本园师德培训的园本教材,以确保我园的优良传统得以代代相传。

(三) 月月讲故事

自 2006 年起,我以"微型讲坛"的形式组织教职工进行政治学习。"微型讲坛"由党员或中层及以上干部担任主讲人,围绕师德建设和时事政治两大主题展开,并邀请教职工对各主讲人的论述进行评分,作为专项评比依据。"微型讲坛"活动不仅陶冶了教职工的思想情操,帮助其树立正确的人生观与价值观,也锻炼了党员和中层及以上干部的素质与能力。

三、游戏演练法

在幼儿园中，一个班级的教育工作通常由两位班主任共同承担，两位教师之间的团结程度及合作质量将直接关系到班级教育质量的高低。此外，其他工作如课题研究、主题活动的开展亦需年级组和全园教师的共同参与。因此，培养教师欣赏他人、互补长短的能力和良好的团队精神显得尤为关键。

为了提升教师的团队合作能力，我采取了游戏演练法。其原因在于，当个体处于游戏状态时，身心会处于放松的状态，个性特质也能真实地展现出来，因而此类演练深受教师们的喜爱。为此，我精心挑选了几款适宜的心理训练游戏，例如"吹牛大赛""赞美心""收获优点""怪兽"。另外，我还自行设计了几款游戏，如"画人游戏""信任之旅"等，它们同样取得了良好的效果。通过参与这些游戏，教师们不仅能感受到身心的愉悦，还能通过亲身体验获得深刻的启示，留下难忘的印象。

四、评优鼓励法

几乎每个人都渴望获得他人的关注和认可。在幼儿园中，教职工对精神层面的追求往往超越了物质层面。因此，自 2000 学年起，我园逐步推出了一系列特殊的奖项，例如，学年度"好搭档"，以鼓励全体员工之间的相互合作与共同进步；学年度"优秀园丁"和"服务明星"，以表彰每年的教职工典范，作为所有人的学习榜样；学年度"最快进步奖"，以激励那些通过个人努力实现进步的员工；学年度"优秀班主任"和"最高人气奖"，以奖励那些在班主任岗位上有突出贡献、深受同事和家长好评的教师。虽然奖金数额较小，但这些奖项所产生的积极影响是巨大的。

五、专项考核法

师风师貌是通过实际行动,尤其是日常行为中的每个细节来展现的。为此,我组织全体教职工共同讨论并制定了《实幼员工仪表守则》《上岗忌用语》《每月师德考核指标》等规章制度,并通过"每月师德考核"和"重大活动考核"确保师德建设得以落地。

(一) 每月师德考核

该考核由行政巡视人员和分管领导共同完成,主要考核指标包括"态度""仪表""语言""行为",并对次级指标进一步细化出具体的"考核观察点"。

(二) 重大活动考核

由于我园的开放活动、接待任务、大型活动比较频繁,并且这些活动直接关系到我园甚至嘉定区和上海市的声誉,因此我们高度重视每次重大活动中教职工的表现。活动前,我们加强宣传并明确具体分工;活动中,我们加强指导以保证活动质量;活动后,我们及时进行总结反思,吸取经验教训,实行奖惩制度,并将其作为年度考核、学年度考核、师德专项考核的参考指标之一。重大活动考核制度取得了良好效果。

师德建设是一个关乎人格塑造的系统工程,也是学校师资队伍建设中的一个永恒主题。随着时间的推移和社会的进步,我们将面临许多新的问题,如独生子女教师群体的增长、社会转型期对教师价值观的影响等。因此,我们需要在原有基础上,结合幼儿园的实际情况,在师德建设方面实行既符合时代要求又切实可行的措施,这需要我们持续探索和大胆实践。

第三节　五大法宝，提高情感领导力

幼儿园的领导者应不断提高自身的情感领导力，善于利用情感智慧去领导和管理团队，营造民主、平等、和谐的校园氛围，形成良好的人际关系，从而赢得人心，提升组织的凝聚力和战斗力。欲提高情感领导力，我认为至少需要掌握以下"五大法宝"。

一、一部雷达

雷达的最大特点是善于捕捉和搜集各类信息。携带雷达，意味着领导者应注重倾听，即乐于倾听、善于倾听、勇于倾听。注重倾听的态度背后蕴含的是人本主义的管理理念，传达的价值观是平等、尊重和谦逊。

领导者应倾听什么？倾听教职工的困难和需求、意见和建议。更为重要的是，倾听之后要进行分析与思考，将教职工的声音通过管理智慧有机地融合起来，谱写出奋发有为的乐章。真诚地倾听，领导者收获的将是教职工的心；智慧地回应，将能促进学校的可持续发展。

二、一束鲜花

鲜花代表赞美。赞美是成本最低但回报最高的一大法宝。领导者应善于发现和挖掘教职工身上的优点，经常给予肯定和鼓励。心理学中将这种方法称为"正强化"。长期这样做，可以帮助教职工将正确的行为固定下来。此外，赞美还需要掌握一定的技巧，即赞美要及时，内容要具体。因此，领导者应以一颗赞美之心看待教职工的学习、工作和生活,不断地给予他们"鲜花"。

三、一颗包容心

包容是一种智慧,领导者必须学会包容。这种包容涉及两个层面:首先是能够包容教职工的缺点与不足。鉴于教职工个性迥异且各有所长,领导者可以采用加德纳的"多元智能理论"来观察和分析每位教职工,既要发现他们的优点,也要学会包容他们的缺点。然而,包容并非纵容,在包容的同时,必须采取切实可行的措施帮助他们成长,并持续关注他们的改进过程。其次是理解教职工的年龄特点。不同年龄段的教师在观点、理念和行为方式上存在显著差异,领导者需要学会解读这些差异,理解、包容并善于指导他们。

四、一根拐杖

拐杖象征着帮助。领导者应关注教职工的情感体验,乐于分享他们的快乐,更要努力帮助他们解决学习、工作和生活中的困难。鉴于不同年龄和文化背景的教职工面临的困难和需求不同,领导者需要进行深入的分析和思考,为他们提供适当的支持和帮助,满足他们的合理需求。

五、一面镜子

携带镜子是为了经常自我审视和反思。领导者必须管理和控制好自己的情绪,以积极、健康、向上的形象去影响教职工,传递正能量,凝聚并引导教职工朝着共同的理想和愿景前进。同时,领导者要带领广大教职工自觉、广泛践行社会主义核心价值观。这可以比喻为《西游记》中师徒四人取经的旅程。在这条路上,作为核心人物,领导者需要像唐僧那样拥有坚定的信仰、明确的目标和坚强的意志。虽然领导者可能不擅长"武功",但必须确保"走到哪里,思想工作就做到哪里",带领教职工在不断的磨合中成长,在成长过程中相互关怀,保持坚定不移的信念,团结一致,克服一切困难,共同前进。

第四节 "五力"提升,焕发组织生机

党支部是党的基础组织,是党在社会基层组织中的战斗堡垒,是党的全部工作和战斗力的基础。在推进党组织领导的校长负责制的新任务中,如何在学校教育综合改革中焕发生机与活力,并切实履行把方向、管大局、作决策、抓班子、带队伍、保落实的领导职责,是幼儿园党支部需要深入思考和大胆实践的问题。

2022年,我园党支部依据嘉定区教育工作党委发布的"基层党组织活力指数",聚焦"思想引领力、组织成长力、制度执行力、服务发展力、整合力量力"这五大能力,围绕"支部焕发新活力,喜迎党的二十大"主题进行实践与研究,进一步巩固组织基础、增强组织活力、提升组织凝聚力和战斗力。

一、创新形式方法讲求实效,增强思想引领力

"思想引领力"指的是基层学校党组织坚持党对教育事业的全面领导,坚守社会主义办学方向,牢牢掌控意识形态的领导权、话语权和主动权,教育引导师生坚持捍卫"两个确立"、增强"四个意识"、坚定"四个自信"、做到"两个维护"的能力。

要提升基层学校党组织的思想引领力,关键在于两点:一是内容要"实",结合当前热点及学校实际情况,选取教职工最关注的问题进行宣传引导;二是形

式要"活",依据受众特点"以学定教",创新学习形式和方法,提升学习宣传的实际效果。

我们认真履行对教职工进行思想建设的责任,注重多元化学习方式以提升实效,开展了"实幼红课"系列学习活动。该活动分为两个步骤:首先,在党员群体中成立若干学习小组,根据党支部要求深入学习相关章节,并设计成形式多样的党课;其次,各学习小组根据党支部计划定期向教职工进行宣讲。这种"党员先学后讲+教职工共学共进"的学习方式,不仅提升了党员的思想意识和学习宣传能力,也丰富了教职工的政治学习形式,提高了教职工的思想建设实效,令人耳目一新。

二、加强党建与业务深度融合,增强组织成长力

"组织成长力"是指基层学校党组织创新优化组织设置形式,并实施"支部领导团队、党员融入团队、团队凝聚群众"的工作模式,旨在扩大党的组织和工作的覆盖能力。提升组织成长力,核心在于强化以下三个方面的能力:

第一,支部班子持续成长的能力。党支部班子需要与时俱进,其学习、行动、创新和反思能力要在实践中不断提升,以担负起统筹全局、促进可持续发展的重任。

第二,党员群体示范引领的能力。每一位党员都是党组织的细胞,在学校改革发展中发挥着示范引领作用。这不仅关系到党员在教职工中的形象,更关系到学校教育改革发展的力量强弱。因此,加强党员的身份意识,提升他们的战斗力和示范性,使他们在学校教育改革中成为中流砥柱,是提升组织成长力的关键。

第三,干部队伍持续造血的能力。党支部在后备干部队伍的发掘、培养、储备、历练、考核、推优等方面需要进行系统思考和长远规划,形成一套行之有效的机制。

三、做深做实做细制度环节,增强制度执行力

"制度执行力"是指党组织严格执行党内组织生活相关制度的能力,如"三会一课""主题党日""组织生活会""党员民主评议"等,实行"三保证"(时间保证、频率保证、人员保证)和"三导向"(质量观导向、参与度导向、创新性导向),以此严格党内组织生活的纪律,注重过程,提高实效。

我园党支部坚持"以问题为导向",提升组织生活会的质量。在每年组织生活会前,党支部会下发自制的问题清单和整改清单,要求每位党员对照党员的职责与义务,以及在幼儿园教育综合改革中的作用发挥等指标,通过谈心谈话、自我审查的方式,深入思考和梳理自身存在的问题与不足,作为自我批评的主要内容,并明确整改措施及时间,接受党内外监督。通过"批评与自我批评"这一有力工具,达到触动思想、提升党性修养的目的。

四、强化党员示范带头意识,增强服务发展力

"服务发展力"是指组织动员和带领党员教师及群众围绕创新转型、城市建设、社会治理、疫情防控、教育综改等任务,为本地区、本系统、本单位的发展建言献策、重点攻关、急难攻坚、岗位建功的能力。

提升服务发展力的关键是确立两个主要导向:一是"目标导向",即坚持"围绕教育抓党建,抓好党建促教育"的原则,明确党组织在学校教育综合改革中的任务和作用;二是"问题导向",即以存在的问题为导向,集中研究和努力解决教育改革中遇到的难题和瓶颈问题。

针对近年来在课堂教育和教学中遇到的挑战,自2019年起,我园党支部实施了"党员示范课"制度。这一制度以"攻坚克难,党员先行"为出发点,通过党员教师定期举办示范课程的方式,带头攻坚克难,在上课、说课、研课的过程中

促进教师专业成长,推动幼儿园教育综合改革向前发展。该做法受到教师的广泛欢迎和高度评价。截至 2023 年 12 月,我园共开展了 33 节"党员示范课"。"党员示范课"制度不仅增强了党员教师的身份意识和责任感,也提升了党员教师及群众参与教育综合改革的积极性和满意度。

五、密切联系社区共建共享,增强整合力量力

"整合力量力"是指强化党建联建,整合区域资源,建立长效机制,以实现与区域内其他组织的共建、共创、共治、共享、共赢。提升基层学校党组织的整合力量力,关键在于树立"双赢"的理念:一方面,以"我为他用"的视角输出教育资源,为区域内精神文明建设服务;另一方面,以"为我所用"的视角积极挖掘区域内的资源,提升党内组织生活品质,打造党建品牌。

我园的"蒲公英"故事妈妈义工团依托早期阅读课程的研究成果,充分发挥党员和团员教师的教育特长,利用周末时间在图书馆和社区开展了"早期阅读进社区"志愿服务活动。此举不仅使广大 2~6 岁婴幼儿家庭开始重视并坚持家庭早期阅读,以期培育出能够阅读、热爱阅读的孩子,还为本区"全民阅读"计划的推动和精神文明建设贡献了教育的力量。同时,我园与相关图书馆和社区结成了精神文明共建单位,它们也成为我园开展课外实践活动的基地,进一步丰富了"慧阅读"活动的内容和形式。

上述五大能力的综合运用,可以有效地焕发党组织的生机与活力。我们需要不断深入学习思考,大胆探索实践,努力将基层学校党组织建设成为学习型、服务型、创新型组织,引领学校教育综合改革向更深层次发展。

融合——

行动篇

作为一名教育工作者,在"二十五载书香砺初心"的征程中,我上下求索,半生寻迹。身体上的艰难并不能磨灭我精神上的斗志,为教育事业奉献终身是我身体力行的承诺。"阅读"和"党建"这两个关键词贯穿了我的整个教育生涯,陪伴我度过了二十五载的风风雨雨,不仅见证了我对教育的承诺,也象征着我在教育道路上永不停歇的追求。

在阅读中,我们能够汲取丰富的知识和智慧,拓宽视野,站在当下分析过去和未来,反思自身的不足,找到前进的方向和动力。将党建与阅读相结合,不仅使阅读活动极大地激发了大家学习的热情,提高了学习效率,还在无形中营造了一个共读共学的研学氛围,巩固了团结奋斗的意志,推动了全体成员在思想和业务上的同步提升与成长。

第三章　似蒲公英，播撒阅读的种子

将一本好书交给孩子们是一项神圣的工作，我愿意将其作为毕生的追求。这不仅是洋溢着美好愿景的使命，也是在当前时刻播种了一颗有意义的种子。我坚信，这颗种子在不远的将来必将绽放出绚烂的花朵。许多人一生都在探索生命的意义，而对我而言，所有的意义都凝聚在这份使命和责任之中。我愿做那个默默无闻的播种者，在人生的旅程中撒下希望的种子，不畏艰难险阻，勇往直前。

第一节　掬水见月，促进全民阅读

2011年，我成立了"爱心妈妈服务队"（2014年更名为"蒲公英"故事妈妈义工团）。到了2016年，随着嘉定区"慧雅阅读"计划的实施和"慧阅读"活动的开展，"蒲公英"故事妈妈义工团进行了升级改造，转型为"蒲公英"阅读推广工作室，我担任工作室负责人，并主导了"全民阅读""慧雅阅读""慧阅读"三个重点项目的推进。其中，"全民阅读"和"慧雅阅读"两个项目由我亲自负责。

在"全民阅读"项目中，我主要通过组建和培训志愿者团队、创建公益项目等方式推广全民阅读活动。

一、成立义工团,播撒阅读种子

2009年7月,我园迁移至嘉定区菊园新区。作为党支部书记,我开始思考如何利用学校的教育特色和优势,鼓励周边居民重视并持续开展家庭早期阅读。2014年,早先由我成立的"爱心妈妈服务队"正式更名为"蒲公英"故事妈妈义工团。我亲自担任团长,制定了义工团的章程,并确立了其宗旨:像蒲公英一样,将阅读的种子播撒至嘉定区有0~6岁婴幼儿的家庭中,培养他们爱阅读、会阅读的习惯。

(一)开展"驻点式"志愿服务

本着"深入社区,服务群众"的原则,我主动联系了嘉定区图书馆、菊园新区嘉馨社区、菊园新区图书馆和嘉定新城白银社区。由党支部牵头,我园与这些单位结成了精神文明共建单位,成立了长期合作的志愿服务基地。我们共同创建了"小脚丫亲子学堂""周末故事会""书童故事会""银火虫小读者俱乐部"等公益项目,并采用"亲子阅读+亲子美工"的模式推广家庭早期阅读。由于这些面向孩子和家长的亲子活动,志愿服务基地变得更有温度和吸引力了。志愿者引导孩子和家长共同阅读世界经典图画书,并结合故事情节进行美工活动。这种亲手教导家长利用绘本开展家庭亲子阅读的"驻点式"服务,受到了社区居民的热烈欢迎和高度评价。"周末故事会"和"书童故事会"已成为该区域内广为人知、深受欢迎的品牌项目。我园的"蒲公英"故事妈妈义工团也因此名声远扬,并带动了嘉定新城和菊园新区的其他5所幼儿园加入志愿服务行列中。2018年5月,义工团还参与了菊园新区妇联启动的"小橘灯陪伴"项目,为嘉定区中心医院儿童病房的小患者讲故事。

(二)开展"实操型"志愿者培训

亲子阅读活动要求家长和孩子共同参与,并且服务对象也从同龄儿童变为

2~6岁的儿童,给志愿者带来了全新的挑战。因此,作为团长,我会定期举办"实操型"志愿者培训,旨在提升志愿者的服务水平。

培训包括集中培训和个别指导两种形式。在集中培训中,我会和志愿者老师们分享亲子阅读的理念和实践经验,指导他们学习设计亲子阅读教案。个别指导分为两步进行:首先,志愿者根据当月的主题和选定的图画书备课,并提前提交教案和教具,我会亲自进行审核;接着,在志愿者上课时,我会现场观摩并指导。令人感动的是,每一位志愿者都极其认真地对待每一次服务,如同对待自己的公开课一样。他们精心设计教案、准备教具,并在周末早早地到达服务地点做好准备工作,引导孩子和家长共同阅读、制作手工,鼓励孩子大胆表达,指导家长耐心倾听和积极互动。"实操型"志愿者培训不仅提高了教师的专业化水平,也提高了志愿服务的品质,实现了多方共赢。

我喜欢和孩子们在一起,所以经常作为"苹果老师"给图书馆和社区的孩子们讲故事。看到孩子们渴望知识的目光和家长们信任的眼神,我深感所有的努力和付出都是值得的。我经常鼓励志愿者:尽管我们手中的只是一支小火柴,但是这微小的光亮也能照亮孩子们的阅读之路。

截至2023年12月,我带领的义工团已在嘉定区图书馆和菊园新区图书馆举办了149场线下故事会,服务了4125名幼儿;举办了30场线上故事会,阅读量接近1万;在社区开展了28期共130次活动,惠及369户家庭、1724人;在嘉定区中心医院儿童病房开展了2期服务活动,服务了近40名患病幼儿。我们的义工团获得了"上海市百强优秀阅读推广组织""嘉定十大青年公益项目"等荣誉,这些都是对我们的肯定和鼓励。

二、开设阅读讲座,传播阅读理念

在每年9月开学后,我都会与家长们进行一次"秋天的约会"——全然为了阅读而设的聚会。这个传统可以追溯到2005年,当时国际上的优秀图画书开始陆续进入中国市场,我园便尝试将这些图画书纳入课程中,开展图画书的集体阅读活动。作为园长,我不仅购入大量的图画书,还与阅读社团的老师们共同研究图画书、设计教案、制作教具并进行教学实践。

随着时间的推移,到了 2007 年,经过两年的努力和实践,我越发感受到图画书对孩子和教师的积极影响,深刻意识到早期阅读对孩子终身发展的重要性。这让我更加坚定了加大课程改革力度,在幼儿园中大力推广图画书阅读的决心。同时,作为一个五岁男孩的母亲,我目睹了我的儿子对图画书的喜爱,他也十分享受与我这位擅长讲故事的母亲共度的亲子阅读时光。

这让我开始思考家长们的情况——他们是否在家为孩子读书?他们是否知晓图画书这一宝贵资源的存在?如果知晓,他们是否知道如何挑选适合孩子阅读的图画书?又如何通过图画书为孩子讲故事?

基于这些思考,我设计了一份调查问卷。一周后,我收到了调查结果,发现情况并不乐观。主要问题集中在两方面:一是大多数家长不了解幼儿的年龄特点,无法为自己的孩子选择合适的图书;二是许多家长缺乏正确的亲子阅读观念、技巧和策略。

调查结果让我决定将自己所了解的有关图画书和亲子阅读的知识、理念与技巧全面地传授给家长们,以此提升他们对家庭亲子阅读的重视,并让他们的孩子也能像我儿子一样在家享受图画书和亲子阅读的乐趣。这样不仅有利于孩子们的成长,也能将家长们变为我们教育改革的盟友,共同推动幼儿园课程的改革和发展。

于是,在 2007 年深秋的某个夜晚,我举办了亲子阅读沙龙活动,与家长们开始了第一次"秋天的约会"。这场"约会"吸引了各年级的家长自发参加,尽管深秋的夜晚已带有些许寒意,但家长们依然在忙碌了一天后急匆匆地赶来,满怀期待地参与这次聚会。59 位家长围坐在我周围,将幼儿园的圆厅挤得水泄不通,柔和的灯光映照着每一位家长充满信任与期待的面庞,整个空间充满了温暖和谐的氛围。

在这次亲子阅读沙龙活动中,我分享的主题为"打开一扇阅读的门",内容涵盖了五个核心话题:为什么要阅读?为什么要开展家庭亲子阅读?为什么说儿童图画书是最适合儿童阅读的读物?怎样给孩子选书?怎样给孩子讲故事?

我一本接一本地展示图画书,向家长们细致讲解。许多家长此前从未接触过"图画书"这一概念,他们聚精会神地聆听,勤奋地做笔记,频频点头并发出恍然大悟的感叹。我相信,在那一个半小时的沙龙中,我真切地为家长们开启了阅读的大门,而他们也将为自己的孩子开启一扇阅读之门。

这样的"约会"已经延续了 17 年,家长们换了一批又一批,而我们每年的"约会"却从未间断。家长们的热情被彻底点燃,他们不仅认真参与班级组织的图书漂流活动,坚持每日的亲子阅读,还积极参加幼儿园举办的"阅读达人""书香班级""书香家庭"等与阅读相关的评比活动。在家长这一强大同盟军的支持下,我园不仅培养出了一批又一批热爱阅读的孩子,也造就了一批擅长阅读教学的教师,我园的早期阅读教学特色愈加明显,赢得了广泛的认可和好评。

偶尔在街上遇到已经毕业的孩子的家长,他们总会开心地告诉我,受到我的影响,他们每天都会给孩子讲故事,孩子因而非常喜爱阅读,睡前读书的习惯至今仍在坚持。他们对此深表感激。

我梦想着每个家庭每晚都能有这样的画面:一盏明亮的小灯、一本沁人心脾的绘本、一个温暖的拥抱、一段无价的亲子时光。这不仅是我的心愿,也是所有参与亲子阅读沙龙的家长的共同愿望。为了实现这个美好的愿景,我们会继续这样的"约会",年复一年。

三、聚合社会资源,助力学生阅读

(一)缘起

"Summer School"公益项目的构想源自 2015 年 8 月。当时,我在菊园新区的一所科研机构进行参观调研，了解到科研人员的子女在暑假期间无人照管。这个问题普遍且棘手，促使我产生了一个想法：是否可以利用暑期的闲暇时间，发挥自己在教育方面的特长和资源优势，为科研人员的子女提供帮助呢？这一设想得到了菊园新区党工委的积极响应和支持，党工委特别指派了社区党群服务中心与团委和我对接。经过需求调研后，我们最终确定在辖区内的中国科学院上海光学精密机械研究所和中国电子科技集团公司第三十二研究所自设的"爱心暑托班"开展公益活动。2017 年和 2023 年，嘉定区中心医院和中国科学院上海硅酸盐研究所也相继设立了"爱心暑托班"，成为我们的服务基地。

（二）目标

"爱心暑托班"是为了照顾暑期无人照管的职工子女而开设的，由职工或后勤人员轮流负责看护。在暑托班中，孩子们的主要活动是完成暑假作业，生活较为单调。因此，我们参与"爱心暑托班"公益活动，旨在丰富孩子们的暑期生活并让他们有所收获。我将公益项目的目标设定为"利用特长创造特色，打造高质量的公益项目"。作为一名教育工作者，我在早期阅读方面颇有经验，并主张在阅读之后进行艺术表达。因此，我将"阅读与艺术的融合"作为该公益项目的核心课程。课程的理念主要包括以下两方面：

1. 激发阅读兴趣，引导持续阅读

阅读对人具有深远的影响。传统的纸质阅读不仅能给孩子们带来阅读的乐趣，还能促进孩子们与书籍的情感联系，这种阅读充满了温度。因此，在电子阅读和碎片化阅读成为主流的今天，我们依然坚持纸质阅读，目的是引导孩子们成为充满温情的终身阅读者。

2. 唤醒艺术表达，激发想象力和创造力

人类文明的每一次进步都源自想象和创造，而艺术活动无疑是培养和激发儿童想象力和创造力的最佳方式之一。因此，我们通过阅读活动，为孩子们提供一个以不同艺术形式进行表达和展现的机会，以此激发他们的想象力和创造力。

（三）团队

在确定课程内容之后，我便开始组建团队。我的朋友圈主要由教师和艺术工作者组成，他们都对公益活动抱有热忱，当我向他们发起倡议时，得到了他们的积极响应。我的团队成员来自多个领域，年龄跨度从"60后"到"00后"。他们中的大多数人是本地区在职的优秀教师（包括大学教师），也有艺术家、私营企业家、跨国公司高管、媒体从业者、自由职业者、在校大学生等。

为了项目管理的需要，我将团队分为五个部门：课程部、资源部、培训部、宣传部和材料部。课程部是人数最多的部门，由教师和艺术工作者组成，主要负责设计和教授公益课程；资源部主要由企业家组成，负责为公益项目筹集资金，资金用于团队工作服的制作，以及在培训部的规划下进行的志愿者培训和团队建设活动；宣传部成员擅长摄影和微信公众号的制作，负责收集项目影像资料并进行对外宣传；材料部负责采购和管理课程所需要的教学材料。我为每个岗位制定了工作职责、工作流程和工作要求，以确保团队分工明确、运作高效。我们团队的口号是："用爱滋润心灵的种子，用美燃放生命的激情。"

（四）过程

1. 准备阶段（5—6月）

准备阶段的主要任务包括：调研各单位的需求，进行相应的协调与对接工作；开展志愿者培训，制定课程实施方案，编排课程表。志愿者需要准备教案、教具及学习用品。

2. 实施阶段（7—8月）

在上海一年中最炎热的7月和8月，团队成员不畏酷暑，携带书籍和活动材料，根据各单位需求，每周两至三次准时在各个"爱心暑托班"开展活动，丰富孩子们的暑期生活。活动内容包括：

(1) 导读经典绘本和儿童文学作品

课程部成员精心挑选国内外经典绘本和儿童文学作品作为阅读材料，通过集体备课、小组讨论等方式创新课程设计。在实施过程中，他们通过生动讲述、互动讨论、角色扮演、游戏体验、多媒体欣赏、撰写阅读笔记等形式，让孩子们感受经典绘本和儿童文学作品的智、趣、美，从而激发阅读兴趣，丰富阅读体验，提升阅读和思维能力。

(2) 开展多元化的艺术活动

艺术活动负责人围绕儿童文学作品，指导孩子们进行创意手工、戏剧表演等艺术活动，如使用多种材料制作文学作品中的人物形象、故事场景等。这些活动的开展，旨在加深孩子们对文学作品的理解，进一步激发他们的想象力和创造力。

(3) 采集并及时发布信息

活动中，宣传部成员负责拍摄活动照片。活动结束后，课程部成员编写活动日志并上传至公共邮箱，由负责微信公众号的成员整理文字和图片，及时向社会公布公益项目的最新活动情况。

3. 总结阶段（9月）

总结阶段的主要任务是召开总结会，听取各方反馈，进行公益项目的回顾与反思。

（五）成效

1. 课程受喜爱

通过每年对"爱心暑托班"孩子们进行的问卷调查，我们能够了解到他们的感受和评价。以2017年8月的调查结果为例，我们欣喜地发现，有62.5％的孩子喜欢阅读儿童文学，82.5％的孩子喜欢参加艺术活动，这表明孩子们对我们开展的阅读和艺术活动颇感兴趣。此外，有70％的孩子在听完故事后表示想看书或观看由书改编的电影，这说明我们的活动成功地激发了他们持续阅读儿童文学作品的兴趣。2018年的调查显示孩子们希望课程内容更加丰富。因此,在后续几年的活动中,我们招募了擅长建构、科学探究、劳动技术、心理健康等方面的教师,使课程更加多元化,以此进一步提升孩子们的参与热情。

2. 伙伴有收获

虽然课程部的志愿者都是经验丰富的教学专家,但面对由一至五年级小学生组成的混龄班,对他们而言仍是一大挑战。在与孩子们的互动中,志愿者通过细致的观察和耐心的沟通,对年龄和性格不同的孩子采用了个性化的教育策略,积累了宝贵的教学经验。孩子们也深切感受到志愿者的关爱。调查问卷显示,有92.5%的孩子对志愿者表示"非常喜欢"或"比较喜欢",97.5%的孩子期待志愿者在未来继续参与公益项目。每次活动结束时,孩子们都会依依不舍地追问:"明天你们还来吗?""我们还有寒假托班,你们能来吗?"这些充满童真的话语深深触动了我们,也激励我们在公益路上不断前行,努力做得更好。

3. 品牌有孵化

2018年2月,嘉定区菊园新区社区党群服务中心指导了民营企业上海乐绅服饰有限公司,成功创办了本区首家主题化、开放式的公共阅读空间——乐嘉书斋。此外,还邀请了"Summer School"公益项目团队,针对区域内随迁子女家庭的早期阅读现状,创立了"温暖书"公益项目,旨在引导家长重视亲子阅读,培养孩子成为终身阅读者。我亲自参与了其中亲子阅读课程的设计和教学,并教授亲子阅读的方法和技巧。截至2021年12月,"温暖书"公益项目已成功举办8期,吸引了129个随迁子女家庭共254人参与,赢得了孩子们的喜爱和家长们的高度评价,社会反响热烈。这也进一步推广了"Summer School"公益项目的核心理念"用爱滋润心灵的种子,用美燃放生命的激情"。

截至2023年12月,"Summer School"公益项目的志愿者服务团队在各"爱心暑托班"累计开展了195次线下公益活动,约528个小时,共吸引了2506名学生参与。此外,还开展了40次线上公益活动,总阅读量达到15763人次。该公益项目受到了学生、家长、科研单位及社会各界的广泛好评,并获得了举办单位的高度认可。它不仅打通了服务群众的"最后一公里",助推了"品质菊园"的建设,也成为区域化党建平台下一项惠及民生的特色项目。"Summer School"公益项目于2016年被评为"菊园新区优秀党建共建项目",2018年入围"嘉定十大青年公益项目",2019年被评为"菊园新区公共文化建设创新项目"。

"蒲公英"阅读推广工作室有一句响亮的口号:"让阅读的种子播撒到嘉定区的每一个角落,播种到每一个孩子的心田。"为此,我和所有团队成员一直在努力。十年点灯,我们播撒了无数种子,收获了丰硕的成果;展望未来,我们相信还有更多的十年,等待着我们去点亮更多孩子的希望。

第二节 传承发展,推动"慧阅读"

1999年初,我被任命为嘉定区实验幼儿园园长。我深知早期阅读的重要性,开始致力于早期阅读教学的研究。2000年,我园成立了"悦读悦美"教师社团,并开展了市级课题"多媒体优化早期阅读"的研究。随着国外经典儿童图画书被逐步引入中国,我园于2007年在嘉定区教育学院科研员简健萍老师的指导下,开始了区级重点课题"儿童图画书在幼儿园阅读教学中应用的实践与研究"的研究。我园早期阅读教学的特色开始显现。

2010年是我人生的转折点,我患上了严重的眼疾,视力不断下降,甚至面临失明的风险,影响到了阅读、驾驶和行走等日常活动。尽管如此,我仍没有退缩。转为专职书记后,我继续领导阅读社团,开展早期阅读教学的研究与实践。借鉴国外主题式阅读模式的经验,我园初步构建了"立体阅读"的理念和实践模式,在试点班级中逐步实现了从"一本书一节课"到"一本书一个主题活动"的转变。2013年,我撰写的论文《启程之旅——幼儿园开展图画书阅读活动的实践与研究》在第二届"长三角地区"教育科研优秀论文评选中获得二等奖。2015

年,我与简健萍合作撰写的论文《幼儿园开展"立体阅读"的实践与思考》发表于《当代幼教》杂志。

2017年,我参与了周卫倩园长主持的基于幼儿核心素养培育的幼儿园"慧阅读"活动实践研究。该研究在新的教育理念的指导下,结合早期阅读研究的经验和问题,进行了传承、创新和突破。我园依据《中国学生发展核心素养》的要求,针对幼儿园阅读活动中存在的问题,围绕"慧阅读,乐成长"的理念,开展主题式阅读活动,将核心素养的各个维度与《3～6岁儿童学习与发展指南》相结合,通过"明确理念→顶层设计→多元整合→组织实施→动态评价→形成经验→项目推进"七个阶段,进行了系统化、园本化的实践。

一、明确理念:明晰立足儿童发展的价值导向

通过开展基于证据的课程与教学研究活动,我们确立了"慧阅读,乐成长"的理念。该理念的核心价值在于开启儿童丰富经历下的阅读体验,促进幼儿核心素养与人格的全面发展。"慧阅读"活动侧重从儿童立场出发,探索丰富多元的儿童活动和开放式的成长体验,并强调在教育生态观的理念下,将社会、自然、精神资源用于课程的开发和应用研究。

二、顶层设计:研制基于儿童视角的课程框架

通过对前期课程全面的调研分析与整合,结合当前的教育趋势和我园的发展情况,我们采取传承、创新和发展的策略进行了顶层设计,确定了课程改革的突破点,构建了儿童视角下的"慧阅读"活动。"慧阅读"活动以开启儿童丰富经历下的阅读体验为价值导向,课程内容涵盖"阅读自己""阅读自然""阅读社会",以"小优阅读八乐园"为活动场所,以多元课程资源为载体,以课程建设为手段,以评价体系为保障,形成了常态化的运作模式(如图3-1所示)。

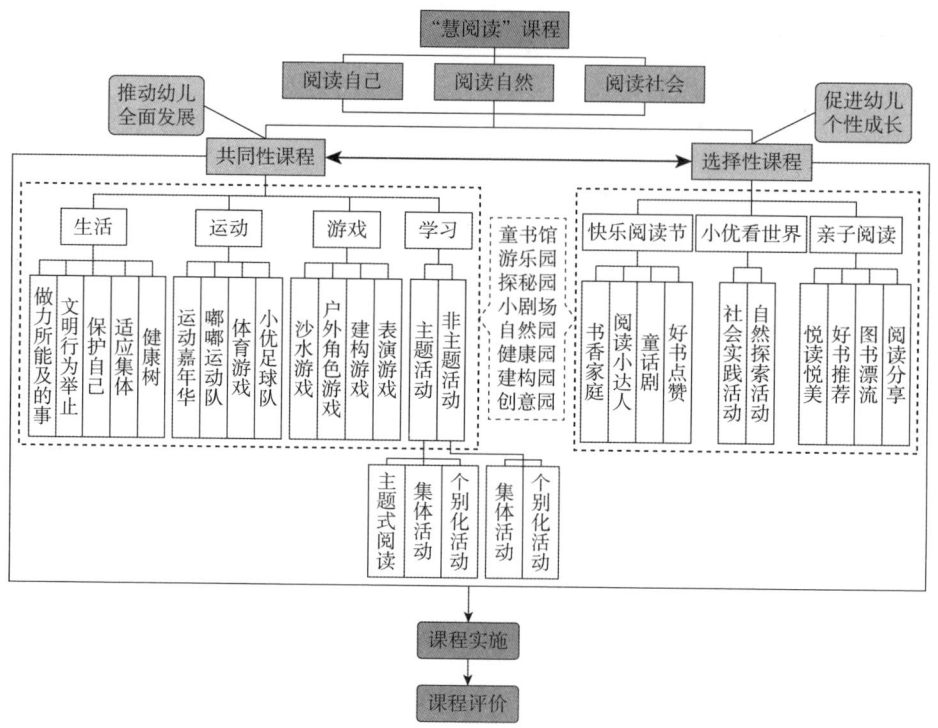

图3-1 "慧阅读"活动框架图

三、多元整合:建构源自儿童需求的阅读资源库

我们聚焦儿童需求,打造了一个系统、全面、立体化的教育资源库。我们利用园内的环境资源,开展了基于证据的实证研究和幼儿自主设计,创建了儿童视角下的"小优阅读八乐园"活动场所,儿童可以在"童书馆"中感受书海奇妙,在"游乐园"中体验游戏乐趣,在"探秘园"中探索人文世界,在"小剧场"中满足个性表达,在"自然园"中揭秘万物生长,在"健康园"中养成文明习惯,在"建构园"中发展创新思维,在"创意园"中萌发审美情趣(如图3-2所示)。

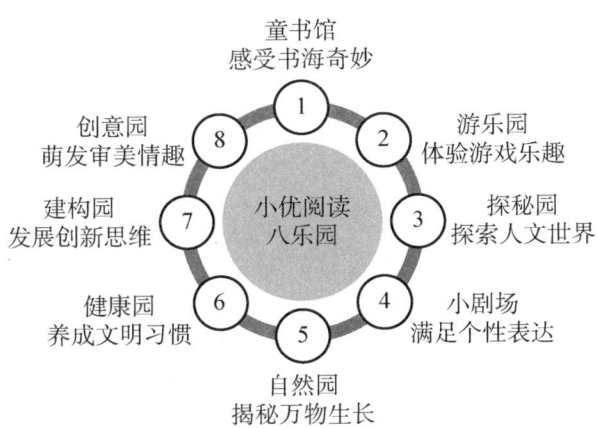

图 3-2 "小优阅读八乐园"示意图

同时,我们还将阅读环境融入幼儿园的各个角落,打造了"一厅""一廊""一梯""一角"的全景式、沉浸式阅读环境(如表 3-1 所示)。

表 3-1 幼儿园阅读环境展示

环境	地点	内容	照片
一厅	门厅	基于幼儿兴趣和季节特点,展现情景交融、沉浸式的门厅图画书场景	
一廊	走廊	结合中国传统节日文化、二十四节气文化和家乡文化,巧用项目化研究形式,创设展现幼儿探索过程与成果的"乐阅廊"环境	

(续表)

环境	地点	内容	照片
一梯	楼梯	结合幼儿兴趣和多元表达形式,并与阅读环境交融,营造助推幼儿个性化表达的楼梯环境	
一角	楼梯转角	结合儿童哲学和中国传统文学,打造楼梯转角文化	

此外,我们还充分挖掘图画书资源,结合主题活动、传统文化、节日教育、爱国主义教育等,精心挑选了幼儿喜爱的图画书,努力为幼儿提供一个有利于核心素养形成的"慧阅读"环境(如表3-2、表3-3、表3-4所示)。

表3-2 "慧阅读"活动之"阅读自己"图画书资源表

年龄段	主题	主要内容	图画书资源
小班	我的身体	关注自己的五官与四肢	《从头动到脚》《一步一步,走啊走》
	男孩女孩	知道自己是男孩还是女孩	

（续表）

年龄段	主题	主要内容	图画书资源
小班	爸爸妈妈	了解自己的家和家人，亲近父母和长辈，能以各种方式表达自己的情感	《我爱我家》《我爸爸》《我妈妈》
	好朋友	喜欢自己的朋友，体验与同伴一起活动的快乐	《谁藏起来了》《你好》《小蓝和小黄》
中班	我的脸蛋	知道五官的名称，了解五官的作用	《我们身体里的"洞"》《千变万化的脸》
	小手小脚	1. 认识小手和小脚 2. 愿意自己的事情自己做	《会说话的手》《千变万化的手》《脚丫子的故事》
	我们快快长	认识自己的身体，具有保护身体的意识	《我长大了》《我长大以后》《长大这件事》《长大以后做什么》
	我的朋友	了解自己是集体中的一员，关注同伴，愿意与同伴友好交往	《小老鼠和大老虎》《我有友情要出租》《好朋友》
大班	我是中国人	1. 了解我国的首都、主要名胜和特产，激发爱祖国、爱国旗的情感 2. 了解我国有名的人物和事迹，为自己是一个中国人而感到自豪	《汉字是画出来的》《十二生肖》《手绘中国地理地图》
	我的身体	了解身体各个部位都会活动，会欣赏和保护自己的身体	《肚子里的小人》《揭秘身体》《我的身体我知道》《牙齿大街的新鲜事》
	我和别人不一样	知道自己是人群中的一个，体验和大家做朋友的快乐	《你们都是我的最爱》《爱心树》
	我会管理情绪	能够尝试用不同的方式表达自己的情绪，学会根据他人的情绪、表情调节自己的行为	《生气汤》《我的情绪我控制》

表 3-3 "慧阅读"活动之"阅读自然"图画书资源表

年龄段	主题	主要内容	图画书资源
小班	幼儿园	愿意接触"自然角"、种植园地,对周围的植物感兴趣	《水果水果,咬一口》《蔬菜蔬菜,切一切》
	公园	认识常见的植物,感受不同季节的特征和变化	《花婆婆》《花园里有什么》
	果园	认识常见的蔬果,尝试采摘蔬果	《爱吃水果的牛》《蔬菜水果的秘密》
	动物园	喜欢亲近各种常见的动物,能够分辨动物明显的特征	《从头动到脚》《变色龙捉迷藏》
中班	幼儿园	喜爱植物,乐于参加种植活动,有对植物进行探究的好奇心	《来,闻闻大自然的味道》《风中的树叶》
	公园	1. 认识常见的植物,感受不同季节的特征和变化 2. 观察公园内的房屋、设施,了解园内不同工作人员的工作内容	《花婆婆》《花园里有什么》
	果园	认识常见的蔬果,尝试采摘蔬果	《爱吃水果的牛》《蔬菜水果的秘密》
	动物园	认识常见的动物,能够了解并区分它们的外形特征、习性等	《大棕熊的秘密》《动物园之旅》《秘密动物园》
大班	幼儿园	观察园内小花园中各种花草树木的四季变化,进行一些简单的科学探索活动	《一片叶子落下来》《叶子的猜想》《植物的奥秘》
	公园	1. 认识常见的植物,感受不同季节的特征和变化 2. 观察了解昆虫、鱼鸟等的特征、巢穴、生活特性等	《公园里的声音》《落叶跳舞》
	果园	1. 了解不同水果的生长方式和特征 2. 体验种植和照顾植物	《草莓》《好吃的草莓》《揭秘农场》
	动物园	认识不同种类的动物,观察不同动物的习性和活动方式	《儿童动物百科全书》《我家是动物园》《天生一对》

表 3-4 "慧阅读"活动之"阅读社会"图画书资源表

年龄段	主题	主要内容	图画书资源
小班	中国传统节日	体验过传统节日的快乐	《过年啦!》《月亮的味道》
	菜场	参观菜场,认识常见的蔬菜,观察买卖的过程	《妈妈,买绿豆》《蔬菜蔬菜,切一切》
	社区	参观小区,了解小区里的各种设施	《车来了》
	韩天衡美术馆	参观美术馆,体验简单的绘画活动	《玛修的梦》《米菲在美术馆》
中班	中国传统节日	知道自己是中国人,了解我国的传统节日	《春节》《年》《元宵节》
	消防中队	1. 了解消防员日常工作的内容、生活情况,知道一些灭火防火的方法 2. 观察各种消防工具与消防车,体验做"小小消防员"	《驼鹿消防员的一天》《消防车吉普达》《我要当消防员》
	超市	1. 了解超市的货品、货架摆放的方法 2. 了解超市内工作人员的分工及职责	《小鼠波波去购物》
	敬老院	为老人表演、给老人讲故事等	《可爱的狮子爷爷》《爷爷一定有办法》《长大做个好爷爷》《我爱爷爷奶奶》
大班	中国传统节日	积极参与传统节日活动,了解我国传统节日的习俗	《小年兽》《打灯笼》《獾的礼物》《不是方的,不是圆的》《幸福的大桌子》
	嘉定博物馆、州桥老街	1. 了解嘉定的历史文化,萌发对家乡的热爱 2. 体验感知博物馆的作用	《木娃的博物馆》《去博物馆》

（续表）

年龄段	主题	主要内容	图画书资源
大班	图书馆	1. 参观图书馆，了解书籍的分类和摆放规则 2. 体验不同的阅读方式，激发对图书的好奇心	《图书馆狮子》 《爱书的孩子》
大班	小学	1. 了解小学生上课、活动的场所和学习常规 2. 观察小学生上课、活动的情况，萌发做小学生的愿望	《大卫上学去》 《上学第一天》

最终，我们盘活了社会资源，整合了自然和人文资源，编制了"慧阅读"活动教育资源指南表。这为教师提供了活动资源的指导，也为幼儿提供了全纳式、无边界的阅读体验（如表3-5所示）。

表3-5 "慧阅读"活动教育资源指南表

资源类别	资源名称
自然资源	古猗园、汇龙潭公园、秋霞圃、紫藤园、外冈腊梅园、浏河营地、陈家山荷花公园、安亭农业生态园、华亭人家、沥江生态园、华亭哈密瓜主题公园、马陆葡萄主题公园
社会资源	嘉定消防科普教育体验馆、嘉定区气象局、上海养乐多工厂、上海汽车博览公园、南翔武警部队、中国科学院上海光学精密机械研究所、爱盛生物科技（上海）有限公司、格物斯坦（上海）机器人有限公司、徐行观赏鱼养殖场、曹王中华鲟养殖场
人文资源	州桥老街、法华塔、安亭老街、南翔老街、娄塘古镇、嘉定区图书馆、嘉定博物馆、韩天衡美术馆、上海书画院、嘉源海艺术中心、上海保利大剧院、嘉定区革命烈士陵园

四、组织实施：形成遵循儿童本位的活动形式

在开展基于证据的课程与教学研究中，我们以图画书作为载体，以主题式

阅读活动为核心,通过"一条实施路径"和"一个特色活动",对"慧阅读"活动的组织实施进行了深入探索。

(一) 一条实施路径

结合学习活动中的主题内容,我们开展了主题式阅读活动,并搭建了"广泛阅读→提出问题→解决问题→个性化表达"的实施路径。这一路径融合了项目化学习的方式,实现了从高结构到低结构、从单一活动到系列活动、从以教师预设为主到师生共建的突破。该路径鼓励幼儿主动表达,支持他们在阅读活动中积累经验,并提供符合幼儿成长需求的课程支架,以促进基于幼儿发展需求的专业教学行为的转变(如表3-6所示)。

表3-6 主题式阅读活动实施表

序号	实施步骤	实施方式
第一步	广泛阅读	1. 阅读方式("五阅"): 在绘本阅读中理解故事内容 在人文阅读中发展社会适应力 在亲情阅读中体验家庭亲情 在生态阅读中亲密接触自然 在情境阅读中体会有趣情节 2. 阅读内容:纸质书本、自然资源、社会资源
第二步	提出问题	1. 提问主体:教师、幼儿 2. 提问内容:已知、未知
第三步	解决问题	解决方法: 制订计划(分工、思维导图) 查找资料(书本、网络) 调查问卷(成人、同伴)

(续表)

序号	实施步骤	实施方式
第四步	个性化表达	组织保障("小优阅读八乐园"): 在"童书馆"中感受书海奇妙 在"游乐园"中体验游戏乐趣 在"探秘园"中探索人文世界 在"小剧场"中满足个性表达 在"自然园"中揭秘万物生长 在"健康园"中养成文明习惯 在"建构园"中发展创新思维 在"创意园"中萌发审美情趣

（二）一个特色活动

在主题式阅读活动实施过程中,我们开展了旨在培养幼儿高阶思维的阅读讨论会。在阅读讨论会中,幼儿在理解故事内容的基础上,通过师生互动和生生互动,可以逐步提升语言表达和思辨能力。根据幼儿的不同需求和个体差异,我们对阅读讨论会的组织形式进行了相应调整(如表3-7所示)。

表3-7 不同年龄段阅读讨论会的侧重点表

年龄段	组织形式	侧重点
小班	阅读分享会	说一说、找一找、玩一玩,分享自己看到的趣事
中、大班	阅读讨论会 阅读辩论会	1. 注重对画面和故事内容的理解并展开讨论,尝试逐渐由讨论转变为辩论 2. 能用故事中的证据来表明自己的观点,尝试说服同伴,培养思辨能力

在阅读讨论会中,教师穿针引线,有效地组织和引导幼儿开展讨论,活动的基本框架如图3-3所示。

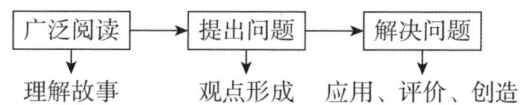

图 3-3 阅读讨论会的活动框架

在主题式阅读活动实施路径下,教师梳理了阅读讨论会各个环节中的操作要点及关键提问,这些操作要点及关键提问均指向幼儿高阶思维的发展(如表 3-8 所示)。

表 3-8 阅读讨论会各个环节中的操作要点及关键提问表

活动环节	操作要点	关键提问
广泛阅读	通过回忆,唤起幼儿对故事的已有记忆	1. 故事中有谁? 2. 他们之间发生了什么事情?
提出问题	通过开放性的提问,帮助幼儿调取在前期阅读过程中的碎片化信息,从中提取有用信息	1. 关于故事的问题:你喜欢这个故事吗?为什么?关于这个故事,你有什么想法或问题? 2. 关于故事人物的问题:你最喜欢故事中的哪个角色?理由是什么? 3. 关于事件的问题:你认为这个故事中最有趣的部分是什么?故事里的什么事情让你难忘?
解决问题	将能引发深入讨论的观点和问题整理成话题,引导幼儿围绕这些话题进行讨论	有利于体现幼儿多元思考的话题,例如: 1. 阅读《田鼠太太的项链》后提出:生命与美丽哪个更重要? 2. 阅读《大树上的朋友》后提问:如果你也在船上,你会选择救狐狸吗? 3. 阅读《小猪变形计》后探讨:如果你是小猪,你会选择变形吗?

五、动态评价:构建基于儿童立场的评价方式

"慧阅读"活动使幼儿、教师和家长成为评价主体,形成了家园一体化的评

价体系。我们围绕幼儿核心素养,将评价指标与幼儿的年龄及发展水平相结合,并运用大数据观察法和儿童发展行为观察法,形成了系列化、模块化的评价内容(如表3-9、表3-10、表3-11所示)。同时,我们还整合了"孩子通"信息技术、学习故事、阅读课程故事和儿童发展行为观察指南等,开发了多元、多维的评价工具。这些评价工具构成了系统化的"慧阅读"活动评价方式,使幼儿的成长和发展轨迹更加立体化、科学化,并促进了幼儿、教师和家长之间的互动,引领了幼儿园和教师关注并持续推动幼儿的成长与发展(如表3-12所示)。

表3-9 "慧阅读"活动之"阅读自己"评价内容

年龄段	接纳自己	保护自己	大胆创想
小班	知道自己的名字,愿意上幼儿园	能够在成人的提醒下注意安全,不做危险的事情	能够和同伴一起唱歌、舞蹈
中班	能够整理自己的物品、控制自己的行为	认识常见的安全标志,能够遵守安全规则	能够在艺术活动中自然地表达自己的情感
大班	对自己的言语和行为有初步的评价能力,能够独立完成力所能及的事情	能够自觉遵守规则,不给他人造成危险	能够与同伴相互配合进行艺术表现

表3-10 "慧阅读"活动之"阅读自然"评价内容

年龄段	爱护生命	探索求知	善于发现
小班	喜欢观察、照料"自然角"	能够仔细观察感兴趣的事物,并发现其明显特征	喜欢观察大自然中美的事物
中班	对自然界的变化比较敏感	能够观察比较事物或现象,并发现异同	能够关注自然界中事物的色彩、形态等特征
大班	了解人与自然现象之间的简单关系	能够发现、分析并描述不同种类物体的特征或某个事物前后的变化	能够发现并模仿自然界中有特点的声音等

表 3-11 "慧阅读"活动之"阅读社会"评价内容

年龄段	合群达礼	文明社交	个性表达
小班	喜欢老师,亲近同伴	知道自己家所在街道、小区的名称	能够用普通话与同伴交流,用涂涂画画表达意思
中班	能够理解他人的行为,学会商量	知道自己家所在区(县)的名称,以及家乡的特产、景观等	能够比较连贯地讲述自己的所见所闻,用图画和符号表达自己的想法
大班	能够与同伴分工合作,学会协商	爱祖国,为自己是中国人而感到骄傲	能够有序、连贯、清楚地讲述事件,用图画和符号表现事物、表达故事

表 3-12 "慧阅读"活动之幼儿学习评价量表

评价项目	评价内容	评价标准				评价方式				备注
		优秀(4分)	良好(3分)	合格(2分)	不合格(1分)	自评	互评	家长评	教师评	
参与程度	1. 认真参与"慧阅读"活动,积极思考,善于发现问题,勇于解决问题 2. 积极参与"慧阅读"活动中的探究、表达表现活动	积极思考,善于发现问题,勇于解决问题,表达表现能力和探究能力强	积极思考,善于发现问题,勇于解决问题	积极思考,发现问题和解决问题的能力一般	参与意识不强					

（续表）

评价项目	评价内容	评价标准				评价方式				备注
		优秀(4分)	良好(3分)	合格(2分)	不合格(1分)	自评	互评	家长评	教师评	
知识与技能	1. 知道"慧阅读"活动与日常生活的关系 2. 自觉在"慧阅读"活动中运用学到的知识解决实际问题，增强综合运用能力	知道并能灵活运用在"慧阅读"活动中学到的知识与技能	知道并能运用在"慧阅读"活动中学到的知识与技能	知道但不会运用在"慧阅读"活动中学到的知识与技能	不知道且不会运用在"慧阅读"活动中学到的知识与技能					
学习态度	1. 学习目标明确，有兴趣，有思考 2. 自主探索，自主学习	积极、主动、热情	积极、热情，但缺乏主动性	态度一般	态度较差					
学习方式	1. 自主学习能力强，会倾听、思考、表达、质疑 2. 有浓厚的兴趣，参与度高 3. 会合作学习，分工明确	自主学习能力很强，会倾听、思考、表达、质疑	自主学习能力较强，会倾听、思考、表达	自主学习能力一般，会倾听	自主学习能力较差					
探究活动	1. 积极尝试与挑战 2. 有不怕困难的科学探索精神 3. 勇于质疑，善于思考，有创新意识 4. 善于发现、分析、解决问题	对发现的规律或科学结论有深刻的理解	对发现的规律或科学结论理解较浅	对发现的规律或科学结论理解一般	对发现的规律或科学结论不能理解					

(续表)

评价项目	评价内容	评价标准				评价方式				备注
		优秀(4分)	良好(3分)	合格(2分)	不合格(1分)	自评	互评	家长评	教师评	
合作意识	1. 积极参与活动中的合作学习,勇于接受任务 2. 愿意合作完成任务 3. 乐于助人,愿意帮助同伴	合作意识强,组织能力强,能与同伴相互学习提高	能与他人合作,积极帮助同伴	有合作意识,但完成任务能力不强	不能与同伴合作					
其他	1. 情感、态度转变 2. 认知水平提高	学习态度、认知水平有很大提高	学习态度、认知水平有较大提高	学习态度、认知水平有一定提高	学习态度、认知水平无提高					
综合评价	小组评价等级		教师评价等级		备注: A. 优秀 B. 良好 C. 合格 D. 不合格					

六、形成经验:梳理助力活动实施的策略方法

在"慧阅读"活动实施过程中,我提炼了"310"方法——三大策略、十种方法,为指导幼儿开展阅读活动提供了可借鉴的实践策略(如表3-13所示)。

表 3-13 "慧阅读"活动之三大策略、十种方法

三大策略	十种方法	具体说明
发展与延伸"慧阅读"活动的参与主体	协同参与法	革新理念,将"慧阅读"活动的参与主体扩大到同伴、教师、家长,以帮助幼儿获得不同的真实成长体验
	浸润指导法	聚焦教师的专业能力强化,精心设计每次教研活动的形式和内容,提供浸润式指导,力求保障教师的主动、持续性学习
	共情阅读法	将"慧阅读"活动的内容向家庭延伸,通过家庭阅读区、家庭式阅读讨论会以及亲子阅读拓展活动,让家长浸润其中,亲身体会活动的内涵,享受活动的乐趣。"慧阅读"活动能够唤醒每个家庭的阅读潜能,提升家庭共读能力,同时为幼儿提供全景式、无边界的阅读体验,推动幼儿思维能力的发展
整合与利用"慧阅读"活动的资源	探究学习法	每一本图画书都有其独特的价值。将图画书融入主题活动中,有助于丰富幼儿的主题阅读经验;将图画书融入项目化学习中,有助于发展幼儿的探究行为;将图画书融入传统节日活动中,有助于幼儿感受中国文化的博大精深
	资源整合法	阅读资源除了有纸质的书籍外,还有自然资源、社会资源、文化资源等,应充分挖掘适宜幼儿的阅读资源,扩大阅读资源的内涵,发挥阅读资源对幼儿发展的最大作用
	云端推广法	利用多媒体、多终端进行"慧阅读"活动的延展,如公众号活动推广、阅读小达人、滴滴学堂等云端阅读空间,开发多维度、多元化、多形式的"云端阅读活动"

（续表）

三大策略	十种方法	具体说明
创新与充盈"慧阅读"活动的组织形式	信息加工法	1. 图画符号的使用——记录清晰化：在活动中引导幼儿用简洁的图画符号进行记录，鼓励幼儿大胆表述自己记录的内容，并尝试观察和揣测同伴的图画符号 2. 思维工具的使用——思考可视化：在活动中引导幼儿用思维导图将自己的思考过程展现出来，让幼儿的隐性思维过程图像化；引导幼儿使用调查表，尝试用科学的方法收集信息 3. "五板一墙"的使用——思维高阶化：通过创设问题板、科学板、信息板、图文板、故事板，鼓励幼儿共同发展兴趣、搜集资料、收集问题，并记录于"五板一墙"上
	多元配置法	1. "高结构—低结构"活动相互转换：在教师组织的高结构活动中，教师可以根据幼儿的兴趣和需求设计低结构活动，以满足幼儿的个性化需求；在教师设计的低结构活动中，教师应捕捉幼儿具有共性的需求，并将其设计成高结构活动，以满足幼儿的共性需求 2. "预设—生成"活动相互结合：教师根据活动主题、幼儿年龄特点等预先设计各种活动，幼儿在教师预设的活动中产生新的活动需求，教师再根据这些新需求调整预设的活动
	真实体验法	1. 多感官真实情景："慧阅读"活动带领幼儿离开教室，进行户外探索活动，接触真实的大自然，并利用幼儿园周边资源，开展实地参观活动，激发幼儿的好奇心和探索的欲望，带给幼儿真实的体验 2. 多元化互动体验：通过"互动讨论""游戏体验""故事演绎""多彩表演"等多种形式开展"慧阅读"活动，在问题情境中发现问题、解决问题，在丰富多元的互动体验中培养幼儿的批判性思维、协同性思维、创造思考力与关怀思考力
	成果展示法	通过"成果发布会""项目成果展示""自制小书发布会""儿童舞台剧"等形式进行丰富多维的成果展示，对过程性体验的及时回顾是激发后续兴趣的有效途径，也能强化幼儿的成就感和内驱力

七、项目推进:建立发展深度研究的保障机制

"慧阅读"活动开展了三个研究项目作为发展活动深度研究的保障机制,分别是:"阅读主体"研究项目——关注阅读人群的多元发展;"课程资源"研究项目——研究阅读内容的有效利用;"空间再造"研究项目——挖掘阅读空间的教育价值。通过持续的深入研究,这三个研究项目实现了研究对象的扩大、书籍内涵的深化和阅读场所功能的最大化,为"慧阅读"活动的持续推进提供了保障(如表 3-14 所示)。

表 3-14 "慧阅读"活动之三大研究项目的研究重点及内容

项目名称	研究重点	研究内容
阅读主体	教师	教师解读图画书的能力 教师执行阅读活动的能力
	幼儿	幼儿阅读素养的培育
	家长	亲子阅读范式研究: 好书推荐 图书漂流 生活阅读
课程资源	探索适合幼儿的绘本	绘本的语言 绘本的画面 绘本的内容
	丰富拓展阅读资源	绘本资源 自然资源 社会资源 文化资源
	挖掘绘本阅读价值	结合主题活动 结合项目化学习 结合传统节日教育

（续表）

项目名称	研究重点	研究内容
空间再造	探索图书馆创设标配	阅读区 表达表现区 视听区 分享区 服务站
	探寻图画书分类方式	图画书的内容 幼儿阅读的实际情况和需求
	科学利用数据分析	借书还书系统

通过上述措施,我园实现了从"一本书一节课"到"一本书一个主题活动"的转变。集体阅读活动不再是教师主导、幼儿配合的灌输式活动,而是涵盖五大领域发展目标的系列主题活动。这不仅激发了幼儿的阅读兴趣,培养了他们的阅读习惯,提升了他们的阅读能力,还真正将阅读还给了孩子们。2021年,我园的"童心慧阅读——以图画书为载体培养幼儿核心素养的实践研究"荣获嘉定区首届基础教育教学成果奖一等奖。早期阅读教学特色已成为我园一张亮丽的名片,在全市范围内有了一定的知名度和影响力。

第三节　专业引领,打造"阅读成长营"

自2022年起,围绕"比学赶超,奋进'十四五'"主题,我根据本园"慧阅读"课程建设的需要,以"阅读成长营"项目为抓手,针对10年以内教龄的青年教师开展了两季专业培训和评比活动,每季活动持续1～2个月,旨在使青年教师在学习、交流和比拼中坚定职业理想,激发专业自觉,提升专业素养,全力打造适应新时代幼儿教育事业发展和本园改革发展诉求的"四有"好老师队伍。

【阅读成长营】

（一）实施背景

在观摩了几位青年教师组织的集体阅读活动后,我发现了两个问题:一是青年教师对绘本的核心价值理解不够深入,导致活动的目标和环节设计未能抓住重点;二是青年教师虽然严格按照经典教案模仿授课,但当孩子的回答超出了教案预设的范围时,就显得有些手足无措,根本原因还是教师对绘本核心价值和方案设计的理解不够透彻。在我与青年教师的个别访谈中,他们也提到了自己在绘本解读能力上的不足,往往难以把握核心价值,或未能充分挖掘绘本中涉及的五大领域价值,最终影响了主题式阅读活动的设计和实施。

目前,本园研究主题式阅读活动的主要团队为"慧阅读"社团,参与者主要是全体语言组教师。然而,由于年级组和班级的主题式阅读活动涉及五大领域,因此计算组教师也需要具备一定的绘本解读和活动设计能力。此外,"慧阅读"社团的语言组教师的教龄和专业能力差异较大,每次的教研活动无法兼顾不同层次教师的需求。

因此,"蒲公英"阅读推广工作室决定与"慧阅读"社团合作,自2022年起启动"阅读成长营"项目,面向10年以内教龄的青年教师,开展绘本阅读的普适性培训,从而提高他们的阅读素养和活动设计能力。

（二）实施对象

10年以内教龄的青年教师。

（三）实施目的

本园将继续贯彻落实党组织领导下的园长负责制,充分发挥党员工作室的优势和功能,通过每年一次的主题培训活动,提升青年教师的绘本解读和活动设计能力,从而提高"慧阅读"活动的品质。同时,拓宽党建带团建的形式和内容,进一步推动党建与业务的深度融合。

（四）项目负责团队

项目负责人:"蒲公英"阅读推广工作室领衔人。

项目组成员：副园长、"慧阅读"社团团长、骨干教师（语言领域）。

（五）实施方案

1. 第一季：虎年寻虎

（1）活动目标

通过"虎年寻虎""虎年说虎""食不厌精"系列活动，增强青年教师根据虎年主题自主挑选教材、分析教材和设计活动的能力。

（2）活动流程

① 虎年寻虎

第一阶段：每位教师选择一本与老虎相关的儿童文学作品（包括童话、神话、传说、寓言、诗歌、散文等），进行深入解读，并以"我读《×××》"为题撰写一篇约1500字的儿童文学作品赏析。赏析内容应包括文本简介、个人解读（最打动自己的地方有哪些？理由是什么？读出了哪几个教育价值点？分别属于五大领域中的哪些发展领域？）以及个人思考（如果设计成活动，适合哪一个年龄段？其核心目标是什么？主要的组织形式有哪些？）。

第二阶段：项目组对提交的分析文本进行评选，初步确定"慧读奖"（占15％）、"菁读奖"（占35％）和"乐读奖"（占50％）三个奖项的入围作品。

第三阶段："慧读奖"获奖者根据项目组的建议对文本进行修改，并在审核通过后将其制作成可供分享的PPT。

② 虎年说虎

"蒲公英"阅读推广工作室组织开展"虎年说虎"线上分享会，邀请"慧读奖"获奖者分享他们的绘本选择、绘本解读和活动设计思路。分享结束后，项目组成员进行点评，其他青年教师通过线上跟帖形式参与互动。

③ 食不厌精

邀请所有青年教师参考"慧读奖"获奖者的文本进行修改完善，并重新提交给项目组进行评审，从而确定三个奖项的最终获奖名单。之后，公布评比结果，并将此次评比纳入教师专项考核之中。

2. 第二季：三月的主题式阅读活动

（1）活动目标

根据本园主题式阅读活动的需要，培养青年教师深入解读、交流分享三月的主题式阅读活动的精读绘本以及设计、实施主题活动方案的能力，促进青年教师在阅读、思考、交流和实践中激发专业自觉，增强内在动力，提高阅读素养和专业化水平。

（2）活动流程

① 第一阶段

青年教师根据三月的主题式阅读活动选定的精读绘本撰写绘本解读。

项目组对文本进行初评，形成修改意见。

② 第二阶段

工作室领衔人针对普遍问题进行集体培训。

青年教师根据修改意见开展第一轮修改，并提交给项目组。

③ 第三阶段

项目组进行复评和个别指导。

青年教师根据修改意见开展第二轮修改，并提交给项目组。

④ 第四阶段

青年教师开展教学实践，在实践中验证设计方案。

项目组汇总、评比、公布结果。

（六）取得的成效

"阅读成长营"项目自实施以来已有两年时间，参与"慧阅读"社团研讨的青年教师，无论是绘本解读水平，还是活动设计与实施能力，都有了显著的进步。具体而言，有18位青年教师积极参与了研讨课的设计与教学，其中两位青年教师在嘉定实验学前教育集团公开展示了他们的集体阅读活动并分享了阅读教学案例，另有两位青年教师的研究论文在区级及以上刊物上发表。

2023年12月，"蒲公英"阅读推广工作室对青年教师进行了一项无记名的小调查,以收集他们对"阅读成长营"项目成效的反馈。调查结果表明,青年教师普遍认为参加"阅读成长营"提升了他们的专业能力。在"你认为'阅读成长营'提高了你的哪些专业能力?"这一多选题中,所有参与调查的教师均表示,"阅读成长营"增强了他们"选择符合主题的绘本的能力"和"从多角度解读绘本的能力"。此外,有96.55%的教师认为自己在"设计主题式阅读活动的能力"上有所提升,68.97%的教师认为自己的"文本撰写能力"得到了增强。

(七) 思考与改进

1. 解读的绘本要更贴合主题

近年来,我园围绕中国传统节日、二十四节气、儿童哲学等关键主题,开展了一系列主题式阅读活动,并取得了一定成效。在最近的调查问卷中,许多青年教师表示,希望"阅读成长营"项目未来能增加与这些主题相关的培训活动,特别是关于中国原创绘本的选择、解读和活动设计,以更紧密地贴合"慧阅读"活动。

2. 培训的内容要更聚焦难点

通过两季的培训,大多数青年教师已经掌握了从五大领域入手解读绘本的方法。然而,调查问卷中"在绘本解读方面你有什么困惑?"这一问题的反馈显示,有93.55%的青年教师认为自己在挖掘绘本所涉各领域价值方面做得不够全面和深入,51.61%的教师觉得自己未能准确把握绘本的核心教育价值。因此,未来的培训不仅要继续深化绘本的分析和解读,还要扩大阅读范围,提升青年教师的人文素养。

3. 培训的形式要更丰富多元

前两季的活动主要采取以绘本选择、解读和活动设计为主的培训形式,在此期间还对普遍存在的问题进行了辅导,"输入"占主导,"输出"为辅助。鉴于此,未来的培训可根据青年教师的实际情况和需求,往多样化方向发展。例如,通过邀请专家带领读绘本、举办名师公开课、推荐好书、举办读书沙龙等方式进行"输入",帮助青年教师拓宽视野,增加知识储备。同时,通过专项评比、同课异构、分享交流等形式进行"输出",提高青年教师的学习内化和迁移运用能力。

第四章　花式学习,上好每一堂课

每一页画面、每一段文字、每一次对话,都是党性教育的生动呈现,坚定了我们的理想信念,激发了我们干事创业的信心和决心。我们遵循"以学定教"的教学规律,从学习者的基础、学力、需求出发,使原本沉寂的课堂变得精彩生动。融入"大阅读"理念的党课,更是一种全新的尝试和有益的探索。这种学习方式不仅具有创新性,而且富有深意,更使我们从内心深处感悟党的精神,了解党的历史,产生思想与灵魂的共鸣。沐浴在党性的光辉下,我们既敬畏又坚定,在敬仰中汲取力量,于深刻中不断前行。

第一节　融合式学习,研发绘本党课

绘本,看似简单,却蕴含着五大领域的教育元素。尤其是情感类绘本,对孩子和家长都具有教育意义。因此,绘本界流行这样一句话:"绘本适合0～99岁的读者。"

近几年,我阅读了许多中国原创绘本。在一个个或平凡或伟大的英雄人物身上,我看到的是他们对国家、民族和事业的忠诚,以及艰苦奋斗和勇于挑战的伟大精神,这是多么宝贵的精神财富!作为一名教育工作者,我有责任将这些精神传递给我们的老师和孩子。因此,自2021年起,我开始在中国原创绘本中挖掘"红色元素",并尝试将其研发设计成绘本党课,以引导党员和团员深入解读绘本,理解其精神内涵,在交流互动中联系实际,在工作实践中迁移运用。通过学习,教师不仅可以在精神上影响孩子们,还能使自己在思想和专业上同步提升。经过三年多的探索与实践,绘本党课取得了良好的效果。以下是两节绘本党课的实录。

【绘本党课实录一:精神之渠,永不断流】

(一)参加对象

全体党员、共青团员。

(二)教学目标

通过解读红色绘本《那里有条高高的河》,了解修建红旗渠的原因、过程中的主要事件和取得的成效。

在讨论中,结合当前推进教育高质量发展这一背景,深刻理解红旗渠精神——自力更生、艰苦创业、团结协作、无私奉献的内涵及其现代意义。

(三)教学准备

PPT、视频、分组卡片(党员、团员抽取卡片,自然分为4组)、16本绘本和"小组讨论"记录纸。

(四)教学过程

1. 绘本简介

(1)观察封面

思考:画面描绘的是什么?"那里"是指哪里?"高高的河"是什么意思?

(2)介绍作者、绘者、出版社

作者:张建梅,儿童文学作家,高级教师。

绘者:刘九鸣,青年画家,插画师,南京艺术学院美术学院教师。

出版社:江苏凤凰少年儿童出版社(2022年11月版)。

(3)观察环衬

思考:为什么前后环衬都是红色的?这有什么象征意义?

2. 共读绘本(第1—11页)

在太行山的东侧,有一个名为林县的地方,这里山峦险峻,沟壑纵深,历史上一直是一个严重干旱的地区,"十年九旱,水贵如油"。20世纪60年代,为了改善恶劣的生产和生活条件,解决严重的缺水问题,林县人民在党的领导下,花了将近十年的时间,在崇山峻岭、峰峦如削的太行山脉上,仅凭着勤劳的双手和简陋的工具,一锤一斧地劈凿出了一条长达1500公里的"人工天河",谱写了一曲穿越时代长河的人间颂歌。

3. 自主阅读(第12—31页)

(1) 集体交流:他们遇到了哪些困难?又是怎样解决的?(吃、住、水平仪、截流、悬崖作业、穿山凿隧道)

(2) 小结:这一部分内容描述了开凿红旗渠过程中的典型事件和感人群体,通过强烈的对比,凸显了艰苦的条件、巨大的困难,人们展现出的不怕牺牲、排除万难的决心,以及他们务求实效的聪明才智。

4. 思考互动(第32—37页)

"现在,我们老了,但这渠里的水,一直在淌啊淌啊。孩子,它永远不会老。"这两句话有几层含义?红旗渠的水将继续造福一方百姓;红旗渠精神永远不会老,将由一代一代的年轻人传承下去。回到扉页,这个故事由老人讲给小孩听,包含传承之意。

5. 介绍红旗渠精神

(1) 观看视频《红旗渠:精神之渠,永不断流》。

(2) 概括红旗渠精神:自力更生、艰苦创业、团结协作、无私奉献。

6. 分组讨论

(1) 每组推选4名工作人员:1名召集人(党员)、1名提炼人(党员)、1名发言人(党员/团员)、1名记录人(团员)。

(2) 两个议题:

① 在这个故事中,哪一个情节最令你震撼?

② 结合当前形势,探讨红旗渠精神的现代意义,尤其是在推动学前教育高质量发展的背景下。

7. 分享感言:请每组的发言人代表小组进行交流发言

第一组代表费老师说:"红旗渠精神与当代社会主义核心价值观具有内在一致性。在推动学前教育高质量发展的背景下,我们特别需要学习红旗渠精神中的'团结协作'精神,要像一股绳一样团结起来,全体幼教工作者朝着同一个目标努力。"

第二组代表汤老师说:"我们应学习红旗渠精神中的'自力更生、艰苦创业'精神。在推动学前教育高质量发展的过程中,可能会遇到各种困难,我们需要积极面对,不退缩,接受挑战,解决问题。同时,我们还需要终身学习,不断创新,突破自我,提升专业水平。"

第三组代表肖老师说:"我们认为新时代的教师需要具备以下三种能力和品质:首先,要善于发现问题,增强解决问题的能力;其次,要有'咬定青山不放松'的韧性,攻克工作中的难题;最后,还要与时俱进,更新我们的教育理念。"

第四组代表陈老师说:"在学校层面,我们应该遵守师德,严于律己,顾全大局,并具备团队意识;在年级组内,我们应该勇于承担责任,敢于走在前列,积极面对困难,不耻下问;在教育过程中,我们应当关注新时代幼儿的真正需求,以幼儿的发展为优先,提供相应的教育支持。"

8. 课堂总结

张书记:"刚才,我们通过黑白素描了解了60多年前的一段往事,认识了那些在缺衣少食、技术落后的年代,凭借自力更生、艰苦创业、团结协作、无私奉献的精神修建红旗渠的人。'一渠绕群山,精神动天下。'红旗渠为我们树立了一座跨越时空的精神丰碑,镌刻了历久弥新、永不过时的红旗渠精神。当前,我们正在开展学习贯彻习近平新时代中国特色社会主义思想主题教育。本次主题教育要求我们:以学铸魂、以学增智、以学正风、以学促干。今天的绘本党课,正是通过读懂绘本、联系工作实际、深入理解红旗渠精神的内涵和现实意义,帮助我们铸牢思想之魂，补足精神之钙。走进新时代，作为示范性幼儿园的党员和团员，在推动学前教育高质量发展的今天，我们应秉持'幼儿发展优先'的理念，学习红旗渠精神，不怕困难、勇于挑战、善于学习、勤于实践、团结合作、锐意进取，克服前进道路上的每一个困难，为全面提高专业化水平、提升幼儿园保教质量不断努力。"

【绘本党课实录二：天边最亮的星】

（一）参加对象

全体党员、共青团员。

（二）教学目标

通过阅读绘本和观看视频，了解"人民楷模"国家荣誉称号获得者、全国优秀共产党员、开山岛守岛英雄王继才的先进事迹。

结合工作实际，通过分享交流，进一步理解"信念坚定""家国情怀""无私奉献""坚持不懈""信守诺言"等共产党员高尚品格的现实意义，并激发"向英雄学习，做好每一件小事"的信念和决心。

（三）教学准备

PPT、视频、每人一张感言卡和一支水笔。

（四）教学过程

1. 导入：关于"英雄"

互动：首先，我要问大家一个问题：当提到"英雄"，你们会想到谁？

小结：确实，一提到"英雄"，我们脑海中会立即浮现出那些为国家、为人民抛头颅、洒热血，献出宝贵生命的英烈，或是那些为国争光、赢得世界级荣誉的科学家、工程师、宇航员、运动员。

引出：今天，我要向大家介绍的这位英雄是一个普通人，但国家却授予他"人民楷模"这一崇高荣誉。接下来，让我们通过绘本《天边最亮的星》一起来了解这位平民英雄的故事。

2. 共读绘本《天边最亮的星》

绘本是一种让文字与图画交相辉映、共同讲述故事的独特艺术形式。读绘本就像观看电影一样。这次,我特别将这本绘本制作成电子版,并添加了音频,希望大家能够借助视觉和听觉,通过图画、文字以及个人的想象,深入了解这位平民英雄的故事,体会作者所要表达的意图。

(1) 观察封面、环衬、扉页,了解作者

① 封面

绘本的封面如同电影海报,向读者展示故事的核心人物、主要场景等关键信息。因此,当我们看到封面上的小岛、灯塔、大海和渔船时,便可以大致推测这个故事主要发生在海上的一座小岛上。

② 作者

刘晶林,一级作家,著有多部长篇报告文学作品。《天边最亮的星》根据其长篇报告文学《海魂》改编。

王笑笑,独立插画师,毕业于南京艺术学院传媒学院动画系,2014年成立了花花时间工作室,已出版《海的女儿》《雪孩子》《龙风筝与米蒸糕》《春天》等绘本。

③ 环衬

环衬相当于电影的序幕,通过颜色和图案将读者渐渐带入绘本的情境之中。本绘本的环衬为深蓝色,既可想象为深蓝色的大海,也可视为深蓝色的夜空。

④ 扉页

扉页再次展示书名、作者、插画师和出版社信息,加深读者对绘本的整体印象。

(2) 介绍开山岛

① 展示绘本(第2—3页)

在茫茫黄海上,坐落着一座名为开山岛的小岛。它极其渺小,若非大海年复一年地托举,人们极易将其误认为是一朵浪花,或是云彩投下的阴影。

② 地理位置及实况

开山岛是中国黄海前哨,战略位置重要。岛上原先没有居民、电力、淡水,到处都是嶙峋的礁石和繁茂的野草,海风呼啸,鲜有人迹。

③ 派人驻守开山岛的原因

1986年7月的某一天,一位年轻人被派往开山岛驻守,成为新一任的守岛人。有人可能会疑惑:如此小的一个岛屿,为何还需要派人驻守?安装监控不就足够了吗?派人驻守开山岛,主要有以下三点原因:

第一,开山岛是一座具有国防战略意义的岛屿。1939年抗日战争期间,日军正是以开山岛作为跳板攻占了灌河南岸,因此开山岛的地理位置对海防、国防至关重要。第二,开山岛作为一座远离大陆的孤岛,很容易被不法分子利用,如开设地下赌场、非法出入境等。第三,岛上缺乏电力,即使安装了监控设备,也需要人工维护。

(3) 播放视频(到"雷电在厚重的云层中发出酣畅淋漓的吼叫"停,对应绘本第4—13页)

绘本一开始将守岛的日子描绘得颇为浪漫:白日里观赏风起云涌,夜晚赏星光与渔火,看似美好,但实际情况并非如此。

(4) 播放视频(到"凿开硬壳,挑出海蛎肉"停,对应绘本第14—19页)

至此,我们得知守岛人在岛上面临着许多困难,比如远离亲人、孤独寂寞(没有人嘘寒问暖,甚至连个说话的人都没有,个中滋味可想而知)。除了孤独寂寞,如果遇到暴风雨,缺少食物,还会有生命危险。面临种种困难,守岛人并没有打退堂鼓,而是选择了坚守。后来,岛上又出现了一个人的身影,她是谁呢?让我们继续往下阅读。

(5) 播放视频(到"那么嘹亮,那么动听"停,对应绘本第20—31页)

守岛人及其妻子凭借勤劳与智慧,以及坚韧不拔的意志力,使得小岛发生了翻天覆地的变化,他们将一座荒岛转变为一个温馨的家。而且,他们坚持每天升国旗,用实际行动践行了"家就是岛,岛就是国"的庄严承诺。

(6) 播放视频(到结束,对应绘本第32—39页)

绘本《天边最亮的星》的书名,既指岛上的灯塔,也象征着守岛人的精神如同夜空中最耀眼的星星一样熠熠生辉。

3. 介绍人物原型

这个故事源于真实的人物和事件。守岛人王继才,是江苏省连云港市的一名普通民兵。他与妻子王仕花在开山岛上驻守了32年。接下来,让我们一起观看相关视频,进一步了解王继才夫妇的感人事迹。

4. 书写感言

听了守岛英雄王继才的故事,相信大家都深受感动和启发。现在,请各位党员结合自身的工作实际,在感言卡上写下今天党课学习的感想,内容聚焦"两个一":一个关键词:在守岛英雄王继才身上,哪一点让你最为感动或佩服? 一个行动:基于这个关键词,结合你的工作实际,你打算怎么做?

5. 分享交流

朱老师分享:"在这个故事中,我看到了'坚持'。守岛人在极其艰苦的环境下,仍然力争做好每一件事。作为一名教师,我更应该从身边小事做起,致力于育德育人。"

肖老师表示:"我对守岛英雄王继才深感敬佩。在接下来的活动中,我也会引导大班的孩子们体会《天边最亮的星》中展现的爱国情怀。"

曾老师说:"我获得的关键词是'立场',坚守初心和立场,明确人生目标。在平凡的岗位上扎根,做好每件事,成为自己心中的'楷模'。"

6. 课堂总结

我们刚刚通过阅读绘本和观看视频,深入了解了"人民楷模"国家荣誉称号获得者、全国优秀共产党员、开山岛守岛英雄王继才的先进事迹。王继才同志以岛为家,为国戍海,亲手修缮营房、建设哨所,坚持每天巡海岛、护航标、写日志,并坚决与走私、偷渡等不法行为作斗争。他在岛上坚守了32年,有力捍卫了国家利益,把自己人生最美好的年华无私地奉献给了祖国的国防事业,用他的实际行动诠释了共产党员"热爱祖国、信念坚定、忠于职守、无私奉献、坚持不懈、信守诺言"的宝贵品格。

通过今天的学习,有两点启示和大家共勉:

(1) 不忘初心,坚定理想信念

我们需要经常回顾入党的初衷。一些同志之所以选择入党,是因为他们从小便立志为党、为国家、为人民贡献力量,怀揣着满腔热血,希望报效祖国。另一些同志之所以入党,则是因为被这个组织中无数优秀人士的风采吸引,相信与他们同行能够使自己变得更加出色。

无论是出于哪种动机,当我们面临困难时,都应该深刻反思自己最初选择入党的理由和初心。这种反思,定能帮助我们重新找回信心,获得继续前进的动力。

(2) 坚持不懈,做好每件小事

作为基层单位的党员,我们的职责是立足本职岗位,不断提升专业技能。正如王继才同志所做的那样,我们也应该尽己所能,坚持做好职责范围内的每一件事,为人民群众排忧解难,让自己无愧于"共产党员"这一光荣的称号。

让我们向英雄学习,向英雄致敬!

第二节 浸润式学习,推行"拆书阅读"

心理学家米哈里·契克森米哈赖的沉浸理论指出,当人们全神贯注地投入某项活动,并且不受其他因素干扰时,他们的内在动机将达到最佳状态。据此,沉浸式和体验式的教学模式逐渐成为教育改革与创新的主流趋势。

近年来,"拆书阅读法"作为一种高效的阅读方法受到广泛欢迎,它倡导"知行合一、为自己所用",即将阅读中的知识转化为读者的能力。这种方法不仅适用于个人独立阅读,也适用于团队集体阅读。我有幸参加了嘉定区委组织部举办的相关培训,对"拆书阅读法"进行了系统学习和研究,并决定将其应用于我园的党史学习教育。

实践证明,"拆书阅读法"极大地激发了党员学习的积极性和主动性。学习过程采取"个人自学＋小组共学"的模式,有分有合,实现了智慧共享,团队合作学习的能力也得到了提高。最重要的是,根据"拆书阅读法"的学习流程,党员通过"例"和"望",能够从党史学习教育中领悟到伟大建党精神的内涵,并能联系实际,表达出为办好让人民满意的学前教育而发挥榜样作用、努力贡献的信心和决心。以下是运用"拆书阅读法"学习党史的实录。

【"拆书阅读法"学习党史实录:读原著、学原文、悟原理】

(一)参加对象

全体党员、入党积极分子。

(二)教学目标

运用"拆书阅读法",帮助学员通过"读、述、例、望",共同学习梳理党史脉络、重要节点、重大事件,使学员对党史有更清晰的了解。

通过学习党史,引导学员自觉增强"四个意识"、坚定"四个自信"、做到"两个维护",并在各自的岗位上做出应有的贡献。

(三)教学准备

《中国共产党历史简明读本[1921—2011]》,每人1本;

立式书写板架4个;

与书写板大小匹配的空白画布4张;

水彩笔4套;

投影设备;

抽签用品:4张抽签纸。

(四)教学过程

1. 热身活动

(1)组建班级

(2)为班级起名

(3)推选班委

班长——负责班内分工;

学习委员——概括提炼;

文艺委员——书写画布；

宣传委员——代表班级进行分享；

纪律委员——控制发言时间。

2. 主题导入

（1）介绍本次学习的书目

（2）介绍本次学习的目的

（3）介绍本次学习的方法

① 定义:"拆书阅读法"是一种高效的学习方法。

② 方式:个人阅读＋小组讨论＋集体分享。

③ 步骤:读、述、例、望。

第一步:读——静心默读；

第二步:述——尝试用自己的话重述段落大意；

第三步:例——举出可对应工作或生活中的实例；

第四步:望——结合实际及段落主旨,写下展望。

3. 示范领学

（1）读:第一章《日出东方》。

（2）述:中国共产党的诞生是历史的必然。（此处略。）

（3）例:只要方向正确,只要坚持不懈,一切皆有可能。

我党在诞生之初,是一个仅有50余名党员的小型党派,而今已发展成为全球最大政党,2021年是建党100周年。党的执政基础及力量源泉何在？答案是基层党组织。倘若每一个基层党组织都能将人民利益置于首位,体现先锋模范作用,发挥战斗堡垒作用,必将赢得人民群众的信任与支持。

以我园自2011年起在嘉馨社区开展的亲子阅读活动为例,经过多年努力,我们建立了4个服务基地,足迹遍布嘉定区,该项目已成为党建品牌。

（4）望:党支部肩负着直接教育、管理和监督党员,以及组织、宣传、凝聚和服务群众的重任。作为一名党支部书记,如何提高党员教育的实效性,如何更好地凝聚和服务群众,是我持续深思的两大问题。实践证明,以问题为导向,以党建课题研究为抓手,可以有目的、有计划且科学地解决问题,提升党建工作的实效性。因此,这将是下一阶段我继续努力的方向。

4. 分组精学

要求:

(1) 各小组根据抽签结果,阅读指定章节。

(2) 每位学员都要按照"读、述、例、望"这四个环节完成自学(20分钟)。

(3) 在班长的组织下,每位学员按照"述、例、望"的顺序进行小组分享(请纪律委员控制好时间,每人限时2分钟,共10分钟)。

(4) 学习委员进行归纳总结(10分钟)。

5. 集体分享

要求:宣传委员代表小组进行分享,每组限时5分钟。

(1) 第一组的分享交流

述:……(此处略。)

例:生活和工作中,合作共谋既会有成果也会有矛盾,过程中需要不断积累经验。

望:敢于创新,不怕失败,于失败中积累经验。

(2) 第二组的分享交流

述:……(此处略。)

例:阅读该章节后,我联想到了我们即将迎来的"大雪"节气展示。对老师们而言,这是首次接触"二十四节气"这一传统文化主题。在筹备过程中,我们不断地调整课程和活动策划,老师们积极响应,全力以赴地参与活动,表现出了高度的责任感和奉献精神。

望:经历了长达几个月的"大雪"节气研讨活动,我期待下周四的"大雪"节气展示能够圆满成功。

(3) 第三组的分享交流

述:……(此处略。)

例:读了党在建立初期面临种种困难,直至最终取得胜利的历程,我想到了近期组织的献血活动。我们实验幼儿园的教职工团队,就像书中描述的共产党人一样,凭借团结的力量,将每一项艰巨的任务都顺利完成。

望:我们应珍惜当前的美好生活,坚持开展爱国主义教育,弘扬爱国主义精神,做学校的中流砥柱,发挥先锋模范作用。

(4) 第四组的分享交流

述:……(此处略。)

例:坚持共产党的领导是正确的抉择。这不仅是历史的选择,也是人民的选择。

望:继续坚定地拥护中国共产党的领导,让人民过上幸福安康的生活。

6. 观看视频《画说党史》

7. 书写"学习感言卡"

8. 课堂总结

今日学习党史,目的在于牢记历史,不忘初心。我们应时刻记住自己的起点及出发之初的目标,同时明确自己未来的方向和使命。唯有不忘初心,方能砥砺前行。尽管在各个历史阶段,形势与任务均有很大变化,但中国共产党的性质和宗旨一直没有变。当代中国共产党人肩负着建设中国特色社会主义、实现中华民族伟大复兴的历史使命,任重而道远。作为基层党员,我们要保持崇高的追求和高度的热情,勇于挑战,敢于承担,经得起考验,做到无愧于"共产党员"这一光荣的身份。

第三节 互助式学习,开设"实幼红课"

教育的生命在于质量,而质量的关键在于有效的互动和参与。我们都曾是学生,可能都经历过这样的情况:当同学向你请教问题时,你为了让同学能够理解,会运用通俗易懂的语言进行讲解。通过这一过程,你不仅帮助了他人,自己对知识的理解也变得更加深刻,思路也更加清晰,解题也更加得心应手。这种由"输入"和"输出"构成的"叠加互助式"学习,促进了学习者对知识的理解和内化,提高了学习的成效。"实幼红课"正是受此启发而创新开展的。

【"实幼红课"实录:小组研学+多元化展示】

(一) 活动目的

通过"小组研学"和"多元化展示",加深党员和中层干部对习近平新时代中国特色社会主义思想的理解和认识,使他们坚定教育理想,强化责任担当;同时,提高党员和中层干部的思想政治素养及合作学习、党课设计的能力。

活动旨在引导教职工通过学习,了解党的理论,认清当前形势,提高思想觉悟。

(二) 研学对象和听课对象

1. 研学对象:全体党员、中层干部。

2. 听课对象:全体教职工。

(三) 研学、展示流程

1. 宣传发动阶段

(1) 在党员会议和中层干部会议上分别进行动员,明确目的和意义。

(2) 通过自由结对的方式,组织党员和中层干部形成若干个研学小组,并推选一名党员担任组长。

2. 启动实施阶段

(1) 各研学小组采用抽签方式确定重点研读篇章。

(2) 各研学小组在组长的带领下认真研读。

(3) 共同设计"实幼红课"的展示方案。

(4) 党支部对"实幼红课"的教案和展示方案提出修改意见和建议。

(5) 党支部通过政治学习、修身讲堂等形式,组织各研学小组于每月月底向全体教职工展示一节"实幼红课"。

展示时长:每节课15分钟左右。

展示方式:微汇报、微演讲、微访谈、诗朗诵、情景剧等。

(6)党支部利用幼儿园微信公众号对每一节"实幼红课"进行宣传报道,以发挥激励作用。

3.总结改进阶段

(1)组织教职工代表对每节"实幼红课"进行评价。

(2)整理相关资料并归档。

(四)部分展示方案概要

1.方案一:立德树人,培根铸魂

展示形式:微演讲。

话题1:什么是教育?

话题2:教育工作的根本任务是什么?

话题3:为什么说立德树人是新时代教育的根本任务?

话题4:立德树人,从我做起(联系自身实际)。

话题5:立德树人,从娃娃抓起(联系学前教育实际)。

2.方案二:铸就社会主义文化新辉煌——新时代中华优秀传统文化的传承与发展

展示形式:微访谈。

话题1:什么是中国特色社会主义文化?

话题2:为什么要铸就社会主义文化新辉煌?

话题3:举例说明如何铸就社会主义文化新辉煌。

国家层面:以中国丝绸之路为例,它既连接了东西方的商路,也连接了东西方的文明。

区域层面:以出口海外的嘉定"徐行草编"为例。

学校层面:以2023年上海学前教育年会现场展示为例。

3. 方案三:坚持和完善"一国两制",推进祖国统一

展示形式:微报告。

环节1:主题导入。

环节2:绘本导读:《雪英奶奶的故事》。

环节3:介绍总体方略。

环节4:课堂小结。

4. 方案四:促进世界和平与发展,推动构建人类命运共同体

展示形式:音画同步诗朗诵。

(五) 教职工反馈

陆老师(党员)表示:"我们参与了第七期'实幼红课'的研学和展示活动,受益匪浅。这一活动深化了我们对习近平新时代中国特色社会主义思想的理解,让我们认识到坚定文化自信的重要性。鉴于中华文化的博大精深,作为教师,我们有责任带领学生传承并弘扬中华优秀传统文化。这既是义不容辞的时代任务,也是重要的历史使命。"

李老师(中层干部)表示:"作为一名普通干部,我之前对习近平新时代中国特色社会主义思想的学习并不深入。通过参与小组研学和'实幼红课'的展示,我对该理论有了更深层的理解,尤其对'科教兴国'战略有了更明确的认识。作为一名教育工作者,我清晰地意识到了自己肩负的历史使命。因此,我应立足本职工作,提升专业技能,实现'幼有善育'的愿景,为最柔软的群体提供最坚实的保护。"

张老师(群众)分享:"听了第七期'实幼红课',感觉耳目一新。研学小组采用'微访谈'形式,通过现场对话、观点碰撞和实例阐释,从身边的事例出发,'讲好新思想、传播新理论',用通俗易懂、见微知著的方式向大家展示了坚定文化自信的必要性,树立了传承中华优秀传统文化的科学态度,明确了我们的历史使命。"

第四节　体验式学习，开展"行走阅读"

俗语云："读万卷书，行万里路。"通过书本学习，然后将所学知识在社会实践中加以应用，这种理论与实践结合的学习方式无疑是高效的。因此，在"四史"学习教育中，我们经过深思熟虑和精心设计，尝试开展了名为"行走阅读"的体验式学习活动。

本次活动所选的学习素材是由上海市作家协会会员、嘉定籍作家王威尔老师所撰的《练川杂咏：纪念改革开放四十周年咏嘉定诗集》（以下简称《练川杂咏》）。所谓"练川"，乃嘉定的古名。选择《练川杂咏》的原因在于，书中的诗歌旨在展现嘉定区的标志性建筑或人文景观，这些都是嘉定人民熟悉且喜爱的地标，同时也是改革开放的生动见证。

我将这一主题学习活动命名为"行走练川，喜阅我嘉"，并将其分为"行走阅读"和"读书沙龙"两部分，旨在引导党员和团员在阅、思、践、悟中坚定理想信念，厚植热爱家乡的情怀，勇担为教育事业奋斗终身的时代使命。以下是本次"行走阅读"活动的实录。

【"行走阅读"活动实录：行走练川，喜阅我嘉】

（一）活动地点

菊园·绿地天呈"我嘉书房"。

（二）活动主持

张志萍（嘉定区实验幼儿园党支部书记）、朱怿珺（嘉定区实验幼儿园团支部书记）。

（三）特邀嘉宾

作家王威尔等6人。

（四）参加对象

全体党员、共青团员。

（五）活动过程

1. 介绍嘉宾和活动目的

朱：各位嘉宾、党员同志、团员青年，大家下午好！欢迎参加由嘉定区实验幼儿园党支部和团支部联合举办的"行走练川，喜阅我嘉——《练川杂咏》读书沙龙"活动。我是实验幼儿园团支部书记朱怿珺。

张：大家好，我是实验幼儿园党支部书记张志萍。首先，让我向大家介绍今天活动的嘉宾。（此处略。）

2. 切入正题

张：学史可以明志。今年，在全国范围内开展的"四史"学习教育正在如火如荼地进行中。作为基层学校的党组织，我们一直在思考如何准确把握学习的本质、创新学习方式以及提升学习的实效性，使大家学深悟透、学以致用。基于此，我们尝试以党建带团建的方式，围绕《练川杂咏》一书，开展一系列活动，引导党员和团员通过"行走阅读"的方式深入学习改革开放史。

朱：为了庆祝改革开放 40 周年，王威尔老师创作了一系列反映家乡嘉定变迁的诗歌，并在 2019 年将这些诗歌结集出版。本次"行走练川，喜阅我嘉"活动分为两个部分：第一部分是党员和团员在暑期携带《练川杂咏》进行"行走阅读"。今天的活动是第二部分，我们将在这里举行《练川杂咏》读书沙龙，邀请嘉宾与党员和团员面对面交流，共同探讨这本书的深层意义。首先，我们将进行"《练川杂咏》三人谈"。请允许我以热烈的掌声邀请作家王威尔老师、学者汪卫平老师、书画家张佩华老师上台。

3.《练川杂咏》三人谈

张：众所周知，嘉定的母亲河——练祁河也被称为"练川"，所以"练川"指代的是嘉定。首先，我想询问王老师：1978 年是改革开放的开端之年，您当时多大年纪？是否还在求学中？

王：那一年我21岁，和在座的许多团员青年一样，正值青春好年华。

张：这意味着，您亲历了改革开放的这40年。在这段时间里，嘉定发生了翻天覆地的变化，并且建设了许多标志性建筑。书中所选择的地点有什么深意吗？

（王威尔谈创作初心，此处略。）

张：我了解到，在创作过程中，汪卫平老师陪同王老师实地考察了书中提及的许多地点。你们都去了哪些地方呢？

（汪卫平谈"踩点"中的小故事，此处略。）

张：王老师，据说嘉定历史上有很多文人写过《练川杂咏》，而且肇始于王鸣盛。本书中的后10首诗都是和韵王鸣盛的，是致敬之意吗？

（王威尔谈"竹枝词"知识点和"致敬先贤，歌颂家乡"的初衷，此处略。）

张：读了王老师的这本书之后，汪老师，您最深的感受是什么呢？

（汪卫平谈家国情怀，此处略。）

张：作为画家和书法家，张佩华老师读了王老师的诗以后做了一件事。张老师，您能和我们分享一下吗？

（播放张佩华书法作品照片，张佩华谈书写诗作背后的家国情怀，此处略。）

4.《练川杂咏》青年说

朱：接下来，我们将进入"《练川杂咏》青年说"环节。习近平总书记说过："历史是最好的教科书，也是最好的清醒剂。"在党支部的引领下，我园的党员和团员利用暑假深入研读了《练川杂咏》，并实地探访了书中所描绘的地点，通过照片、视频日志等形式记录了他们的体会。下面就让我们一起聆听他们的感悟和收获。

郭老师（党员）："龙腾彩虹垂横沥，灯影波光荡成绮。与君凭栏风满袖，不觉夜半人声稀。"这首诗描述的是嘉定北水湾大桥，又叫"彩虹桥"，一个位于我们家门口的景点。王威尔老师将其纳入《练川杂咏》，我感到特别高兴。2013年，北水湾大桥正式通车，它不仅是一座桥梁，也是我们身边的新地标。暑期的某个傍晚,我带着这本书,站在桥上,风拂袖间,竟忘却了夏日的炎热,感受到了桥、人、书之间的和谐统一。这座桥仿佛是一道彩虹,不仅连接了两岸,更连接了过去、现在与未来,让我们对嘉定的明天充满了信心和期待。作为一名教育工作者,我感到有责任引导孩子们一同守护这份美好。

赵老师(党员):我是一名农村娃。自20世纪90年代以来,我的家乡经历了翻天覆地的变化。虽然家中的房舍依旧保持原样,但生活方式已完全城镇化。乡村记忆渐渐变得模糊,但有一个地方,一踏上那片土地,童年的回忆便历历在目,那就是华亭镇的毛桥村。毛桥村既保留着乡村生活的传统风貌,又展示了中国特色社会主义新农村的现代化面貌。在这里,有一个公交车的终点站,方便人们来此地游玩。新农村的房屋改建过,比较统一。村里环境非常优美,花花草草簇拥着这里的每一户人家。村内有竹牌坊、百年老屋、停车场、健身器械、公共厕所、路灯、休息用的长椅、指路牌等,便民的生活设施一应俱全,让我们真切感受到改革开放给农村带来的日新月异的变化,并深深感受到我党"一切为了人民"的理念。身为一名党员,看到这些成就,我倍感自豪,并更加坚定了作为一名教师的使命和责任。

李老师(党员):"我嘉书房"是一个魅力十足的地方。记得2016年秋天,我第一次带着刚上小班的女儿来到这里,美式风格的家庭式阅读空间立刻吸引了我们的注意力,尽管空间不大,却充满了温馨。在这里,我和女儿各自挑选了喜欢的书籍,静静地坐在宽敞的书桌前阅读,享受着难得的宁静时光。四年转瞬即逝,我和已成为小学生的女儿再次来到"我嘉书房"。那个小而温暖的阅读角落,让我想起了一句广告语:"小身材,大味道",这恰如其分地形容了"我嘉书房"的独特魅力。"我嘉书房"见证了我和女儿的共同成长,从最初的懵懂阅读到现在充满兴趣地探索各种书籍,它在我们的成长历程中发挥了不可替代的作用。在这里,亲子阅读不仅是一种习惯,更是一种享受。让我们一起常回"嘉"看书,让阅读丰富我们的生活,发现更好的自己。

张老师(团员):作为地地道道的嘉定人,当我首次拿到这本书时,心中涌现出喜悦与自豪。谈及嘉定,其魅力不在于繁华,而在于恬静,非住在此地,难以深刻体会。我对这个养育我的地方怀有深厚的感情。书中提到的保利大剧院,是我特别喜欢的一个地方。初次了解到这个地点是因为我的母亲——一位热爱古典音乐的人。在嘉定尚未建成保利大剧院时,母亲经常带我到市区欣赏现场音乐会。她总梦想着嘉定也能拥有这样的场所。当保利大剧院最终在嘉定新城建成时,母亲的喜悦溢于言表。对我而言,这里最吸引人的是其建筑之美。因此,在线下活动中,我选择了保利大剧院,携带《练川杂咏》,和儿子一同前往嘉定新城打卡。除了传承,建设美好的嘉定也是我的责任。

陆老师(团员):这个暑假,我携《练川杂咏》前往嘉定的三个著名地点——汇龙潭公园、陆俨少艺术院和嘉定紫藤园打卡。身为土生土长的嘉定人,这些地方是我儿时的游乐场。重游这些标志性地点,我深感自豪。作为青年教师,我渴望通过各种途径,让孩子们感知家乡的变迁、美丽和优越,进而激发他们对家乡的热爱。

曾老师(团员):携带《练川杂咏》进行打卡,不仅仅是为了到达书中的标志性地点拍照,更是为了追寻嘉定发展的历程和轨迹。乘坐地铁11号线,感受列车向远方疾驰,是感知"嘉定速度"的最佳方式之一。毛桥集市的绿意盎然、鸟语花香,展现了农业生态下的宜人生活环境。嘉定物产丰富、风光无限,在向北的旅途中,我们体验到了嘉定发展的活力。这次"行走阅读"活动,让我对这个"第二故乡"有了更加深刻的认识,并为之骄傲。

5. 嘉宾点评

方老师:今天的活动将阅读与实地体验紧密相连,这种教育方式既有意义又高效,对我启发很大。希望通过本次活动,各位青年教师能够坚定理想信念,牢记使命责任,认真肩负起立德树人的重要职责,为嘉定的发展贡献青春力量。

周老师:嘉定区实验幼儿园将党建工作与教学业务紧密结合,通过多样化的阅读活动来传递理念、教育师生、服务社会,在区域内声名远扬。像今天这样的活动,巧妙地把阅读书籍和阅读嘉定融为一体,开展改革开放史的学习,设计精巧、高效有益。

6. 活动总结

张:嘉定在过去40年中日新月异的变化是中国改革开放波澜壮阔的历史画卷中的一个小小缩影,也是每一位嘉定人智慧和汗水的结晶。习近平总书记强调,幸福都是奋斗出来的。在新时代的征程上,我们正继续沿着改革开放的道路前进,希望每一位党员和团员都能筑牢信仰之基、补足精神之钙、把稳思想之舵,在中国特色社会主义的康庄大道上,不忘初心、牢记使命,为嘉定的教育事业贡献自己应有的力量!

第五节　情景式学习,开发情景党课

情景在教育领域中拥有复杂且深远的意义。情景教学理念对于提升党员教育的有效性也极具参考价值。为了推动"两学一做"学习教育常态化和制度化,我园积极落实嘉定区委发布的《关于进一步规范"三会一课"制度　加强和改进党内组织生活的指导意见》,在探索和实践中,借助"五型党日"活动中"党性教育型"的内容,创新性地采用情景党课的形式开展主题党日活动。情景党课通过情景再现、情景设定等方式,结合参观、倾听、交流互动等多样化形式的教育,打破了传统的"一言堂"式的党课授课形式,成为嘉定区委宣传部力推的项目。

【情景党课实录:传承·红色初心】

(一) 教学目标

以观摩展览、观看视频、聆听微党课、重温入党誓词等形式共同品读管氏家族从清朝至今代代相传的百年家风和初心传承的动人故事,进一步加深对"不忘初心""对党忠诚""服务人民"的理解。

引导党员继承和发扬党的优良传统,时刻牢记自己的入党誓词,不忘初心、牢记使命,始终走在学习和实践的最前列,始终走在为人民服务的最前列,发挥模范带头作用。

(二)教学准备

1. 与嘉定区菊园新区社区党群服务中心联系,落实参观展览、预约组织生活室等事宜。

2. 邀请身边的优秀共产党员管虎奎同志讲课。

3. 准备相关材料,制作PPT。

(三)教学地点

嘉定区菊园新区社区党群服务中心。

(四)教学过程

1. 导入(时间:2018年6月29日;地点:一楼展厅)

(1)介绍情景党课

张:同志们,今天,我们实验幼儿园党支部来到嘉定区菊园新区社区党群服务中心,举行一次特别的主题党日活动,聆听一堂特别的情景党课。

(2)介绍学习内容

张:本次情景党课的主题为"传承·红色初心"。我将带领大家走进嘉定菊园一户四代同堂、有38口人的大家庭——管氏家族,以管氏家庭"家庭党小组"为主线展开本次情景党课。活动将从一楼展厅的走进管家·百年家风展开始,随后我们将前往三楼组织生活室,聆听微党课,进行分组讨论,分享心得体会,并参加誓词教育,最后拍摄本次活动的"党员全家福"。通过这些环节,我们将共同领略管氏家族从清朝至今代代相传的百年家风和初心传承的动人故事,从而引导党员和团员坚定理想信念。

2. 引出并介绍管虎奎同志

(1)请出本次展览的策展人,也是管氏家族"家庭党小组"组长管虎奎同志和党员见面。

(2) 介绍管虎奎同志

张老师：管虎奎同志，生于1951年1月，拥有33年党龄，自幼对曲艺情有独钟，曾任原嘉定县锡剧团团长。1997年1月，他从嘉定文化系统转至菊园新区工作，参与了菊园新区管理委员会的筹建工作，并在各个领域积累了丰富而扎实的经验。在任职期间，管虎奎同志以爱岗敬业的精神，在菊园新区信访工作的前线为人民排忧解难，自发为民理发、测血压，支援困难家庭和残疾人，因此多次被评为"上海市先进工作者"，并荣获"嘉定区人民满意的公务员"等荣誉称号。退休后，他继续利用自己的文艺特长，创作并宣传积极向上的社会作品，通过独角戏、上海说唱等形式传播正能量，将为民服务的精神贯彻到日常生活中。大家都亲切地称呼他为"老管""管老师""菊园老娘舅"。2015年，他被授予"上海市离退休干部先进个人"称号。2017年，他被评为"菊园20年杰出人物"。

面对这样一位优秀的共产党员，我们不禁思考：他是在怎样的家庭环境中成长起来的？是什么样的家庭风气影响和激励着他始终用共产党员的标准要求自己，将为人民服务放在首位？带着这些疑问，让我们共同参观展览。

3. 共同观摩走进管家·百年家风展

管虎奎：各位同志好！感谢大家参加走进管家·百年家风展。之所以称为"百年家风展"，是因为通过本次展览，大家将有机会了解到我们管家自清朝至今的历史，包括家庭相册的展示、《嘉定县志》中记载的关于管家五位先辈"忠节"与"孝义"的动人故事。此外，本展览还展出了我97岁高龄的母亲顾静珠——一位拥有62年党龄的老党员撰写的21首叙事诗。这些诗歌记录了她从7岁到现在的人生经历，讲述了她近百年的成长故事。至今，我母亲仍在社区贡献自己的力量，为邻里老人编织"暖心马桶圈"，这已成为她日常生活的一部分。

管氏家族"家庭党小组"是在2012年由我的母亲顾静珠同志发起成立的。当时，我和弟弟管龙奎已退休，但我们仍然致力于为民服务。母亲提出成立"家庭党小组"的想法,并建议我担任组长。"家庭党小组"的成立意在强调:尽管我们已从工作岗位上退休,但为民服务的初心和使命永不退休。我们将继续以共产党员的标准要求自己,发挥余热,服务社会。通过以身作则,传承善良、宽容、孝顺以及待人以诚、乐于助人的品质,教育家族的下一代,感染亲朋好友,激发大家对中国共产党和新时代社会的感恩之情,鼓励大家在新时代的征程中做一块小小的铺路石。

4. 观看微视频《老管家的红色初心》(地点:三楼组织生活室)

张:感谢老管同志的精彩分享。通过走进管家·百年家风展的观摩,我相信大家都对老管的家族故事和世代传承的优良家风充满了感慨,并对97岁高龄的管家妈妈顾静珠充满了敬意。接下来,请大家和我一起观看微视频《老管家的红色初心》。该视频将为我们展现管氏家族"家庭党小组"的学习情况、管家妈妈的坚定初心以及街坊乡邻眼中的管家妈妈等。

5. 聆听微党课"传承"(主讲人:管虎奎)

张老师:刚才的微视频中有一句话给我留下了深刻印象。管家妈妈说,作为一名共产党员,每样事情,我都告诉自己要吃苦耐劳,做好工作,为社会主义奋斗到底。不忘初心,就是不忘记过去。在"家庭党小组"的学习活动中,管家达成了共识:要教育好下一代,让红色初心世代传承。街坊乡邻们也表示,他们视自己如管家妈妈的晚辈,要向管家妈妈学习。

下面,请老管同志为我们带来一堂微党课"传承"。他将通过几个小故事来阐释家风、党风与民风之间的联系。

6. 开展分组讨论和交流分享

(1) 分组讨论

① 围绕今天情景党课的主题"传承·红色初心",结合刚才的所见所闻和自己的工作实际,分享交流学习体会。

② 分成5组,请小组召集人主持各组的讨论,并做好记录。时间是15分钟。

(2) 交流分享(摘要)

第1组:今天的情景党课让我们深入了解了管老师及其家族的优良家风。对我们新时代的共产党员而言,管老师坚定的理想信念、务实的工作作风和面对困难时乐观的态度,都是值得我们学习的。我们应当以管老师为榜样,武装自己的思想,提升工作实效,乐观面对挑战。

第2组:通过今天的活动,我们受到了深刻的教育。管老师身上展现出的勇于面对困难、不畏挑战的精神,以及管妈妈的与时俱进、服务人民的态度,都是共产党员精神的体现。我们必须学习这种精神,特别是在教育综合改革的进程中,更要保持学习的热情,积极思考,勇于实践,敢于创新。

第3组:从管老师和管妈妈身上,我们看到了两代共产党员用他们的实际行动践行着"为人民服务"的崇高思想,令我们敬佩,更值得我们学习。作为教师,我们要不断提升自我,紧跟时代步伐,努力成为孩子们的引路人。

第4组:管老师的事迹给我们上了一堂生动的党课。作为教育工作者和党员,我们要树立正确的人生观和价值观,以自己的实际行动去感染和教育孩子们,传递正能量。

第5组:今天的情景党课让我们终生难忘,管氏家族的事迹不仅令我们感动,更是激励我们前行的动力。作为教育工作者,我们应不忘从教初心,牢记育人使命,传承嘉定教化之风,立德树人,培根铸魂,为学前教育事业奋斗终身。

7. 誓词教育

张老师:入党誓词是新党员对党和人民做出的庄严承诺,同时也是每位党员必须遵守的行为规范,体现了党对党员的基本要求。入党誓词的内容随着历史时期的变迁而有所不同,大体上经历了五个阶段:中国工农红军时期、抗日战争时期、解放战争时期、中华人民共和国成立初期、党的十二大至今。每个阶段的入党誓词都深刻反映了当时中国共产党的历史使命,虽然表述略有差异,但对党的忠诚和对共产主义的追求始终如一。

1982年9月6日,党的十二大将入党誓词正式纳入党章,并规定预备党员必须面向党旗进行入党宣誓。

现在,我们将开展誓词教育,重温入党誓词。请大家全体起立,奏唱中华人民共和国国歌。

(国歌奏毕,请大家就座。)

接下来,我们一起观看誓词教育宣传片《看齐》。

(宣传片播放完毕。)

现在,我将作为本次誓词教育的领誓人。请所有党员同志再次起立,举起右拳。

(领誓)我志愿加入中国共产党,拥护党的纲领,遵守党的章程,履行党员义务,执行党的决定,严守党的纪律,保守党的秘密,对党忠诚,积极工作,为共产主义奋斗终身,随时准备为党和人民牺牲一切,永不叛党。

请奏《国际歌》。

(《国际歌》奏毕,请大家就座。)

入党誓词是《中国共产党章程》中极为重要的一部分,也是每位党员奋斗终身、献身党的事业的誓言和座右铭。

回顾中国共产党的发展历程,老一辈共产党人如毛泽东、朱德、周恩来、邓小平等人,用毕生努力践行了入党誓词的精神。中国人民永远不会忘记那些为国家独立、民族解放而牺牲的党员先烈,正是他们的无私奉献,铸就了今天的和平与幸福生活。

当前,以习近平同志为核心的党中央正在引领全国人民,为实现中华民族伟大复兴而不懈奋斗。中国梦是国家的梦、民族的梦,也是每个中国人的梦。每个党员都应该在各自的岗位上努力践行自己的入党誓词,与全国人民一道,为实现"两个一百年"奋斗目标而努力。

8. 党课总结

张:各位同志,今天我们观摩了走进管家·百年家风展,观看了微视频《老管家的红色初心》,聆听了管虎奎同志的微党课"传承",并进行了深入的讨论交流,还一同重温入党誓词。这一系列内容丰富、形式多样的学习教育活动,犹如一顿精神上的盛宴,让我们深受鼓舞,满载而归。

  作为新时代的共产党员和共青团员,我们有责任继承并发扬党的光荣传统,始终铭记自己的入党誓词,不忘初心、牢记使命,勇往直前。正如97岁高龄的管家妈妈和管虎奎同志所展现的,无论是在工作岗位上,还是在退休生活中,他们始终不忘初心,走在学习和实践的前沿,坚持为人民服务。让我们以管家妈妈和管虎奎同志为榜样,不断奋斗,克服困难,为建设示范园品牌、提高保教质量贡献力量,发挥示范园党员和团员应有的模范带头作用。

领航——

价值篇

教育组织的领导体制是现代教育治理关注的核心问题。目前，上海市普教系统正在全面贯彻落实党组织领导的校长负责制，并明确了学校党组织的六大任务——把方向过硬、管大局过硬、作决策过硬、抓班子过硬、带队伍过硬、保落实过硬。作为上海市示范性幼儿园的党支部书记，在新的征程中，我不仅要关注提高自身的政治建设能力，还要重视提升领导学校发展的综合能力，努力朝着成为"党建工作的专家、学校教育工作的行家以及擅长开展群众思想工作的大家"的目标迈进。

第五章　项目：领航学校发展

领航，就是强化党组织对幼儿园工作的全面领导，坚定不移地实施党组织领导的校长负责制，落实立德树人根本任务，加强并改进师生的思想政治工作，促进党的建设与幼儿园事业发展的深度融合。"领航"项目让我们进一步明确，党建工作是幼儿园事业发展的"根"与"魂"。我们要找准党建与业务深度融合的发力点，通过机制创新、模式创新、方法创新，为以高质量党建引领学校高质量发展疏通"经"与"脉"。

第一节　项目初启，明确方向

2022年10月，上海市教卫工作党委根据《关于建立中小学校党组织领导的校长负责制的意见（试行）》《第二轮新时代基层党建质量提升工程实施方案》《关于开展上海中小学校党组织"攀登"计划项目申报工作的通知》的要求，启动了上海中小学校党组织"攀登"计划项目的申报工作。该项目旨在强化党对中小学校的全面领导，增强中小学校基层党组织的政治功能，推动党建工作与学校事业发展的深度融合，同时培育创建一批党建工作示范学校和特色学校。随后，我园党支部经过申报和答辩，被评为上海中小学校党建工作"示范学校"培育创建单位，由此开启了以"领航"项目为抓手的创建工作。

一、总体思路

以习近平新时代中国特色社会主义思想为指导,深入贯彻党的二十大精神和习近平总书记关于教育的重要论述,坚持全面从严治党,全面落实党组织领导的校长负责制,以"六个过硬"为目标,切实履行把方向、管大局、作决策、抓班子、带队伍、保落实的领导职责。同时,以"围绕教育抓党建,抓好党建促教育"为宗旨,以"领航"项目为抓手,通过系统思考、整体规划及逐年推进,建立和完善党建工作的体制机制,加强党建与业务的深度融合,推动幼儿园教育的综合改革和人才队伍建设,打造党建品牌,充分发挥党组织的领导核心作用。

二、建设目标

以"六个过硬"为目标,以"领航"项目为抓手,通过探索党组织领导的校长负责制的配套制度和议事规则,着力构建幼儿园治理新体系。在此基础上,进一步探索实施干部赋能成长新机制、健全党员专业成长新机制以及完善教师立德成长新机制的方法,形成党建与业务融合的新格局,实现党建品质的提升,努力将党支部打造成一个把方向过硬、管大局过硬、作决策过硬、抓班子过硬、带队伍过硬、保落实过硬的模范党支部。

三、建设方案

首先,我们要建立健全党组织统一领导、党政分工负责、协调运行的工作机制,制定并优化党组织会议、园务扩大会议相关配套制度和议事规则。同时,我们将着力提升党组织的全局统筹和系统思考能力,努力构建一个融合多元治理主体、明确主体定位、强化主体责任的治理格局,从而形成一个高效运行的内部治理体系。

其次,我们将"领航"项目分解为"精进""优才""勤业""育德"四个子项目,并分别进行探索与实践。

(一) 针对支委会成员实施"精进"计划

依照"党性强、懂教育、会管理、有威信、善于做思想政治工作"的目标要求,通过拜师结对、专家指导、现场调研、党政互学、课题研究等多种方式,提升支委会成员统筹全局与系统思考的能力。

(二) 针对干部队伍实施"优才"计划

根据"选拔任用规范有力、教育培养扎实有力、考核监督全面有力"的目标要求,实施干部赋能成长新机制,完善聘任、培训、考核及监督制度,着力提升干部的政治站位及其思考力、执行力、合作力,构建一支信念坚定、乐于学习、勇于担当、创新能力强的新时代干部队伍。

(三) 针对党员队伍实施"勤业"计划

遵循"发展党员规范到位、教育培训务实到位、管理监督精准到位、作用发挥鲜明到位"的目标要求,完善党员专业成长新机制,通过优化"冲关我最棒——党员承诺践诺"项目的配套机制,提高项目品质与效能,从而进一步增强党员教师对群众的专业引领意识与能力,更好地发挥党员教师的先锋模范作用。

(四) 针对教师队伍实施"育德"计划

按照"培养培训适切到位、使用管理科学到位、服务评价有效到位"的目标要求,通过开展"新时代幼儿园师德师风建设长效机制的实践与研究"项目,依托"小优师德论坛""青年教师成长营"等平台,完善教师立德成长新机制,培育

"以研究幼儿发展见长"的智慧型教师和"有理想信念、有道德情操、有扎实学识、有仁爱之心"的"四有"好老师。

四、推进方案

（一）工作目标

完成阶段目标任务，继续优化相关配套制度和议事规则，努力构建融合多元治理主体、明确主体定位、强化主体责任的治理格局，形成高效运行的内部治理体系，在党建与业务的深度融合和人才队伍建设方面有亮点、有成效。

（二）工作计划与举措

1. 通过访谈、座谈、问卷等形式开展"领航"项目实施现状调查，积累经验，查找不足。

2. 调整优化总项目和子项目的实施方案。

3. 在实践的基础上，进一步梳理完善党组织领导的校长负责制的配套制度和议事规则，确保党组织切实履行把方向、管大局、作决策、抓班子、带队伍、保落实的领导职责，确保园长在党组织的领导下依法依规行使职权。

4. 各子项目在原有基础上继续实践、创新、提升，将获得的经验在嘉定实验学前教育集团内辐射推广。

（1）"精进"计划：初步梳理在带领党组织实现"六个过硬"过程中取得的阶段性成果和经验，并在区域范围内开展经验交流。

（2）"优才"计划：继续梳理干部培训、考核目标要求，完善相关制度，形成"嘉定区实验幼儿园中层干部能力清单"。

（3）"勤业"计划：总结梳理"冲关我最棒——党员承诺践诺"项目经验。

（4）"育德"计划：继续优化完善"小优师德论坛""青年教师成长营""阅读

成长营"等制度,结合已有经验,编写《嘉定区实验幼儿园教师育德手册》。

五、预期成果

阶段性成果和经验将在嘉定区中科·实验教育集团党建共同体内部进行交流。

(一) 预期工作成效

通过完成"领航"项目的阶段目标任务,党组织领导的校长负责制将得到进一步细化和优化。议事规则将变得清晰、界限明确且运行顺畅。在党建与业务的深度融合和人才队伍建设方面,将呈现出明显的亮点和成效。同时,党建品牌在上海市内也将具有一定的知名度。

(二) 预期创建成果

1. 制度建设:形成相对完善且合理的《上海市嘉定区实验幼儿园章程》,该章程能够涵盖一整套党组织领导的校长负责制的配套制度和议事规则。
2. 人才建设:形成"嘉定区实验幼儿园中层干部能力清单"和《嘉定区实验幼儿园教师育德手册》;党支部书记参与上海市特级书记的申报。
3. 品牌创建:"蒲公英"阅读推广工作室梳理并总结创建经验。

(三) 预期推广成绩

"精进""优才""勤业""育德"四个子项目的实施成果和经验将在嘉定实验学前教育集团内部进行推广,并在区级层面进行经验交流。

六、工作保障

（一）政策支持和经费保障

1. 经费充足：作为上海市示范性幼儿园，得益于上级的重视和社会的关注，上级机关给我园提供的办公经费充裕。我园高度重视党支部建设，每年根据"攀登"计划指南的要求，专门划拨经费用于党建工作。

2. 人员落实：我园党支部成立了文明创建组、纪检监督组、师德师风检查组、意识形态宣传组和党务干事组，各组成员工作态度积极，能力出众。

3. 待遇到位：在学年度评估、年度考核及评优评先等环节，会综合考虑工作人员的工作量、表现和成效，并在年终绩效分配时以项目奖励的形式提供一定的补贴。

（二）软硬件设施配备到位

作为上海市示范性幼儿园，我园拥有坚强有力的领导班子、优秀智慧的师资队伍、优美适宜的办园环境以及一系列先进的办园设施，这些都为我园党建工作的高质量发展提供了坚实的基础。

作为上海市文明单位，我园积极参与区域化党建工作，成为区域化党建的领头羊。因此，区域内丰富的党建资源均可供我们利用。同时，作为上海市示范性幼儿园，我园与本市的党建和学前教育的专家学者保持着紧密的联系，并积极与其他示范性幼儿园进行交流，这种联系与交流能够为我园的党建和教育综合改革提供策略和建议。

第二节　中期回顾,且思且行

2023 年,我园严格遵循《上海中小学校党组织"攀登"计划重点任务指南》,以"领航"项目为抓手,通过全面加强教职工的思想政治建设,落实党组织领导的校长负责制,实施"精进""优才""勤业""育德"四项计划,全面推动党建与业务的深度融合,努力实现了党建品质的新提升。

一、全面加强教职工思想政治建设,形式多元

通过定期举办"书记上党课""小不点说事""实幼红课"等活动,我们不断创新理论学习的方法与路径,提升学习实效。同时,主讲人从"书记独讲"转变为"党员干部共同参与主讲",学习方式也从传统的单一讲述转变为灵活运用"理论＋案例""讲述＋视频""解读＋互动""园内＋园外"等多样化形式,这些转变丰富了学习内容,增强了教职工的参与度和兴趣,提高了他们的政治素质和思想觉悟。

此外,党支部紧密结合我园早期阅读课程特色,深挖中国原创绘本中的红色元素,设计并开展了绘本党课"那里有条高高的河",促进了教师在思想和专业方面的双重提升。

二、全面落实党组织领导的校长负责制,坚强有力

自 2022 年 9 月起,我园全面实施党组织领导的校长负责制,通过变革内部治理结构、建立规范议事程序,努力构建了幼儿园治理的新体系。

（一）变革内部治理结构

为实现"党组织领导、园长负责、多方参与、全员育人"的治理格局，我园对幼儿园章程进行了修订，变革了内部治理结构，从"党政分工管理"转向"党组织统一领导管理"，强化了党组织的领导地位。在党组织的统一领导下，各部门职责明确，实现了民主集中、相互协调、高效运作。同时，我园对纪检小组的职责分工进行了细化，充分发挥了纪检小组、教代会、家委会的监督管理作用。

（二）建立规范议事程序

根据相关实施方案，我园对支委会会议和园务会议制度进行了修改，并制定了相应的议事规则。作为一个党政分设的单位，我园还特别制定了书记、园长经常性沟通制度。在实践过程中，我园逐步形成了以下议事程序：园务会议研究提出拟由党组织讨论决定的重大事项和重要问题；随后，党组织会议讨论并决定幼儿园的重大问题；最后，园务会议具体部署和落实党组织决议的相关措施，并研究处理教育教学与行政管理等工作。我们努力做到议事规则清晰、边界明确、运行顺畅，并且落实到位。

2023年4月，我负责的课题"基层学校贯彻落实中小学校党组织领导的校长负责制的实践研究"被确立为2023年上海市普教系统党建研究会的立项课题。2023年6月，我园参加了嘉定区教育系统第一批党组织领导的校长负责制评估验收，在此过程中获得了评审专家的一致好评。

三、全面实施"领航"项目促队伍发展，落地见效

（一）实施"精进"计划，提高班子成员的领导能力和专业素养

"精进"计划规定，每位班子成员每年需要完成"五个一"目标，即拟定一份

年度学习计划、每月参加一次中心组学习、为党员干部或青年教师授一次党课、主持一项党建共同体或集团层面的科研课题（或项目）、在区级及以上层面发表一篇文章或分享一个成果。

2023年，全体班子成员以此目标激励自身，在学习与实践中不断提升自己的领导力和专业素养。作为我园党支部书记，我被评为"嘉定区学习型党员"，由我主持的"中科·实验教育集团党建共同体"课题被列为2023年上海市普教系统党建研究会的立项课题。园长作为嘉定实验学前教育集团理事长，在2023年上海学前教育年会现场展示活动中作了关于集团化办学的专题报告。三位副园长分别加入区级户外游戏、个别化学习、卫生保健的研究项目组，在全区发挥了专业引领作用。

（二）实施"优才"计划，探索干部赋能成长新机制

我园坚持"党管人才"的原则，在多年的实践探索后，形成了一套"竞聘上岗（两年一次）→团队诊断（每学年一次）→案例交流（每学年一次）→学习反思（每月一次）→学年述职（每学年一次）→履职考核（每月一次＋每学年一次）"的选才、育才、用才机制，打造了一支信念坚定、乐于学习、敢于担当、勇于创新的新时代干部队伍。2023年8月，我园梳理形成了"嘉定区实验幼儿园中层干部能力清单"，进一步完善了干部培养制度。同样是2023年8月，我园有两名干部成功竞聘成为区教育系统副职，其中一名留在本园工作，另一名被分配到姐妹园；9月，有一名干部参加了区教育系统管理研习班的学习。

（三）实施"勤业"计划，探索党员专业成长新机制

党支部坚持开展"冲关我最棒——党员承诺践诺"项目的相关活动，让党员教师每学年公布微课题研究方案作为承诺，并通过"党员示范课""成果分享会"等形式践行承诺，形成了长效机制。这不仅实现了党建与教育的有机融合，推动了幼儿园教育综合改革和课程建设，还提升了党员教师的专业水平和对群众

教师的专业引领能力,进一步发挥了党员教师的先锋模范作用。2023年4月,我园15位党员教师进行了示范课教学,其中4人获得"示范奖",4人获得"优秀奖"。此外,在"党员示范课实施成效"问卷调查中,98%的教师认为"大多数党员具有模范带头意识,并发挥了示范引领作用"。

在党支部的助推下,今年有4位党员教师的研究成果获奖,3位党员教师的论文发表,2位党员教师的共享课程在区级平台上共享,3位党员教师的课题分别被立项为区级"一般课题"和"青年教师课题",党员教师成为幼儿园综合教改的主力军。2023年6月,"冲关我最棒——党员承诺践诺"项目再次被认定为嘉定区教育工作党委的"党建特色品牌"。

(四)实施"育德"计划,探索教师立德成长新机制

通过"育德"计划,我们重点开展了两方面工作:

一是继续落实"培训宣传→师德承诺→共建制度→有力监督→每月考核→学年评价"一整套师德师风建设机制,具体包括:围绕建园60周年,开展"六十风华,砥砺再出发"主题活动、"我和实幼共成长"主题征文活动,优秀征文通过我园微信公众号进行推广;结合师德师风和廉洁文化教育月,开展师德专题讲座、"我的教育格言"征集活动、"铭记教育格言,师爱哺育童心"主题活动,加强宣传教育,坚定理想信念;通过师德师风大讨论,健全"鹰眼小组"检查制度;完善每月师德监督考核制度,打造"四有"好老师队伍。2023年9月,我园有教师被评为"嘉定区十佳青年教师""菊园新区优秀班主任""菊园新区最美教师",形成了优秀师德典型。

二是编写《嘉定区实验幼儿园教师育德手册》。通过座谈访谈、听取专家建议等形式进行研究和梳理,截至2023年12月,我园已形成包括师德文件、师德制度、身边典型、深度反思在内的手册初稿。

四、全面促进党建与业务深度融合,示范引领

在党组织的坚强领导下,我们秉持为党育人、为国育才的宗旨,以立德树人为根本任务,以教育综合改革为行动指南,围绕"慧阅童心,遇见未来"的办园理念,依托"蒲公英"阅读推广工作室等党员工作室,全面推进"全民阅读""慧阅读""阅读成长营"等重点项目。我们通过探索有效的路径和方法,积累经验,形成了长效机制,显著促进了党建与业务的深度融合。

(一)"全民阅读"项目

全体党员和团员通过开展公益讲座、公益故事会、公益亲子阅读活动,向社会大众推广正确的早期阅读理念和科学的亲子阅读方法,2023 年全年共举办了 2 场公益讲座、28 场公益故事会、6 场公益亲子阅读活动,受到了社区家长和幼儿的热烈欢迎。

(二)"慧阅读"项目

在项目负责人的领导下,我们继续围绕"儿童哲学视域下的图画书阅读讨论会的实践与研究",推进"慧阅读"课程建设,2023 年全年共设计了 43 场主题阅读活动,其中包括 5 场集体阅读活动和 6 场公开教学活动。

(三)"阅读成长营"项目

针对青年教师在提升绘本解读和活动设计能力方面的需求,我们在 2022 年 1 月启动了"阅读成长营"项目,并在 2023 年初开展了第二季活动。通过绘本解读、活动设计、专题培训、好书分享等系列活动,"阅读成长营"项目显著促进了青年教师的专业成长,并拓宽了党建带团建的思路。

一路走来,我园的党建品质和工作成效得到了认可。2022 年 12 月 16 日,

我园党建工作成果的介绍文章《"三机制三计划"党建领航新发展》在"嘉定党建"微信公众号发布。2023年5月,我园被嘉定区教育工作党委命名为"嘉定区中小学党建实训基地",同时还成立了"张志萍书记工作室"。

第六章　品牌：冲关我最棒

所谓"品牌"，至少具备三个特征：专有性、持久性和影响力。我园的党建品牌"冲关我最棒——党员承诺践诺"项目（以下简称"冲关我最棒"项目），自2010年起开始实施。该项目经过持续的改进、升级与优化，不仅成为促进党员专业成长、发挥专业引领价值的重要工具，也成为党建与业务深度融合的有效平台。该项目因卓越的成效两次被评为"嘉定区教育系统党建品牌"，已成为我园党建工作的一张亮丽名片。

第一节　口号：冲关我最棒，党员展风采

2010年下半年，"创先争优"主题活动拉开序幕。我园党支部经过前期调研，针对"经验教师缺乏挑战动力、年轻教师缺少挑战抓手"的实际情况，创建了"冲关我最棒"项目。该项目以"冲关我最棒，党员展风采"为口号，目标是通过党支部引领、党员承诺践诺、群众支持参与，提高党员的专业化水平，增强党员对群众的专业引领作用，充分发挥党员的先锋模范作用。在确定了一整个学年的安排后，我们开展了"冲关我最棒"项目。

一、项目创建背景

我们经常思考这样一个问题：新的历史时期，在知识分子相对集中、以教育质量为本的学校环境中，共产党员的先进性应该如何体现？通过对照"创先争优"主题活动中对优秀共产党员"五带头"的要求，我们发现，我园党员在思想作风、遵纪守法、为民服务意识等方面表现突出，但在教学专业化水平上存在明显差异，主要体现为以下两个方面的问题。

一是经验教师缺乏挑战动力。党员中的经验教师主要是"60后""70后"，他们工作经验丰富，有中高级职称，部分已担任管理职务。但由于承受了一定的家庭压力，如子女正处于初、高中阶段，因此很多经验教师更倾向于保持现状，依靠过往经验开展工作，缺少与时俱进的意识和行动。

二是年轻教师缺少挑战抓手。党员中的年轻教师多数在大学期间入党，是群体中的佼佼者。然而，步入职场后，他们发现理论知识与实际教学之间存在巨大差距。尽管他们积极上进、渴望学习，但面对繁杂的学习与实践内容，往往感到方向模糊，不知如何下手，缺少有效的学习与实践抓手。

因此，为了提升我园党员的专业化水平，突出岗位特点，我们创建并开展了"冲关我最棒"项目。

二、项目创建过程

（一）成立领导小组

为了确保"冲关我最棒"项目的顺利进行，我们将该项目列为我园党支部的重点工作内容。同时，我们成立了由党支部书记担任组长的领导小组，明确任务分工，确保职责明确、分工合理，同时加强过程监控，确保项目的每个环节都能落实到位。

(二) 开展宣传动员

首先,利用暑期休息时间,我们召开了全体党员大会,对广大党员进行了"创先争优"主题活动的背景宣传和"冲关我最棒"项目的目标及任务介绍,旨在让党员理解新时期基层学校中"一名党员一面旗帜"和"我是党员我带头"的现实意义,激发党员挑战自我、提升专业化水平、在群众中发挥模范带头作用的热情。

其次,我们召开了全体教职工大会,向全体教职工介绍了"冲关我最棒"项目的背景和意义,并诚挚希望各位教职工支持并参与该项目,以更好地保障该项目的顺利实施。

此外,通过宣传栏、校园网、BBS跟帖、调查问卷等多种方式,我们向群众展示了"冲关我最棒"项目的全过程,收集了群众的反馈意见和建议,实现了人人关注、时时关心,使得该项目真正成为"党员摸得着,群众看得到"的项目。

(三) 实施"冲关"项目

1. 确定"冲关"目标

我们要求党员紧密结合新学年幼儿园及年级组的重点工作,梳理新学年自身工作的挑战点,制定并实施切实可行的"冲关"方案,争做学习钻研的模范、爱岗敬业的模范、为人师表的模范、遵纪守法的模范、服务群众的模范。

2. 设定"冲关"流程(如表6-1所示)

表6-1　"冲关我最棒"项目实施流程及制度方案

时间段	主要任务	具体要求	制度方案
9月上旬	确定"冲关"目标	梳理新学年自身工作的挑战点,确定"冲关"目标	
	制定"冲关"方案	认真完成"冲关"方案的制定	
9月中旬	聆听群众意见	每位党员需要邀请三名群众对自己的"冲关"方案进行点评,随后根据群众的意见或建议对方案进行修改和完善	1.《"冲关我最棒"实施方案》 2.《"冲关我最棒"群众参与办法》 3.《"冲关我最棒"专家指导制度》 4.《"冲关我最棒"方案交流制度》 5.《"冲关我最棒"成果展示方案》
	邀请专家指导	党支部指定相关专家与党员进行一对一指导,以进一步完善"冲关"方案	
	开展内部交流	每位党员将"冲关"方案在全体党员中进行展示交流,相互提建议	
9月下旬	面向群众公布	在校园内公布每位党员的"冲关"方案,接受群众的监督	
10月—次年1月	全力以赴"冲关"	根据既定的目标进行挑战和实践	
次年1月中旬	中期评估与反思调整	通过座谈会和个别访谈的形式,对党支部和党员的方案进行中期评估与反思调整,以进一步提高其实效性	
次年2月—6月	继续全力"冲关"	根据调整后的目标继续挑战和实践	
次年6月中下旬	展示成果评议颁奖	结合教学论坛、课题汇报、社团展示等形式,开展"冲关"成果展示活动,兑现党员承诺,接受群众监督与评价	
次年7月初	党支部终评	1. 支委会根据评议情况撰写终评意见,并反馈给每位党员 2. 资料整理归档	

三、项目创建成效

(一) 实践性强——党员摸得着,群众看得到

与以往的承诺践诺活动相比,党员和群众普遍感到以项目的形式进行具有明确的目标和抓手,并且切入点精准,非常符合幼儿园、年级组及个人的实际情况,具有很强的针对性。相关统计数据也表明,"冲关我最棒"项目是一个"党员摸得着"的项目(如表6-2所示)。

表6-2 2010—2013学年度"冲关我最棒"项目类别及数量统计表　　单位:个

项目类别	学年度			
	2010	2011	2012	2013
幼儿园研究重点	5	6	4	3
年级组研究重点	3	2	6	1
个人教学特色	5	5	3	8
班主任工作	2	2	2	4
其他	1	1		
合计	16	16	15	16

注:有个别项目为两人合作项目。

此外,在党支部于2013年11月开展的"冲关我最棒"项目实施现状的问卷调查中,68%的群众认为"所有项目都非常切合实际",32%的群众认为"大多数项目非常切合实际"。这充分表明,"冲关我最棒"项目在适切性上获得了大多数群众的认可。

值得一提的是,通过宣传栏、校园网等多种途径的宣传,"冲关我最棒"项目在群众中的知晓率达到了100%。当被问及"您觉得该项目开展前和开展后,党员在您心目中的形象有变化吗?"这个问题时,96%的群众认为"有变化"。具

体来讲,77.4%的群众认为"党员的模范带头作用更加明显",71%的群众认为"党员在管理、教学、班主任工作等方面不断学习、挑战自我、提升专业化水平的意识增强了",58%的群众认为"党员的专业化水平有所提高",61.3%的群众认为"党员与群众的联系更加紧密"。由此可见,"冲关我最棒"项目不仅是一个党员能够感同身受的项目,更是一个"群众看得到"的项目。

(二) 实效性高——党员得提高,群众得实惠

每位党员的方案制定都经历了"确定目标→酝酿方案→撰写方案初稿→聆听群众意见→邀请专家指导→听取其他党员和群众意见→修改方案"的过程,历时一个月。在此期间,每位党员对自己的特长、优势及不足有了准确的认识,对新学年的努力方向有了明确的定位,对实施过程有了清晰的思路。这是一个党员不断学习与提升的过程。

在"冲关我最棒"项目实施的过程中,大家围绕各自的研究重点开展了一系列研究与实践。这既是一个学习、内化、实践、反思、提升的过程,也是提高教师专业化水平、形成教师教学特色的过程。

以郭老师为例,她认为自己关于"角色游戏的观察与指导"这个主题的研究较为薄弱,因此选定该主题作为研究重点。经过连续两个学年的努力,郭老师不仅提升了个人的教学水平,也提高了整个教研组的研究能力,成效显著。在2012学年的区优秀教研组评比活动中,她带领教研组围绕该主题开展研讨并荣获"优秀教研组"称号。此后,郭老师又将"户外角色游戏的观察与指导"作为研究重点并形成课题成果,该课题后被列为区级规划课题。

朱老师对绘本阅读有着浓厚的兴趣,但缺乏研究方向。在专家的指导和同事的建议下,她将绘本阅读作为研究重点,连续三个学年进行研究。经过努力,她提升了自己的阅读教学能力,营造了书香班级氛围,培养了一批爱阅读的孩子,获得了家长的广泛好评。现如今,朱老师已成为具备阅读教学特色的潜力教师,加入阅读社团,参与各项阅读课题研究。

此外,小莉老师、沈老师等党员根据班级实际情况,聚焦特殊儿童工作或家长工作,接受挑战,取得了显著成果。2013年6月,小莉老师指导的听障儿童以优异的成绩通过语言考级,顺利升入小学。沈老师的家长工作指导经验已被纳入我园新教师专业培训课程中,她每年为见习基地的新教师进行培训,深受新教师欢迎。

自2010年起,经过3年的时间,党员们通过参与"冲关我最棒"项目,在多个方面获得了提升并取得了显著成绩,有效发挥了模范带头作用。具体成就如下:12位党员分别在年度和学年度考核中获评"优秀",4位党员获得"十佳校(园)长""关心职工好领导""优秀党员"等光荣称号,5位党员的教科研成果在市、区级赛事中获奖,4位党员在区级及以上的专业研讨会上发表专题报告,3位党员被评为"园级骨干教师",5位党员担任了年级组长或备课组长职务。

此外,党员的模范带头作用还体现在承担重大任务上,充分展现了"哪里有困难,哪里就有党员"的精神风貌。例如,陈老师、郭老师、程老师、赵老师四位党员主动承担了新教师的带教工作。其中,陈老师指导的小张老师在2011学年被评为"优秀见习期教师",其他党员也积极承担了带教见习基地教师和师范大学实习生的工作,受到了一致好评。

四、项目创建反思

每个学年末,我园党支部都会组织"冲关我最棒"成果交流展示活动,并开展"五星党员"评选。不过,面对面的交流主要局限于党员之间,向广大群众展示的形式也较为单一、内容缺乏生动性,无法全面展示"冲关我最棒"项目的过程及成果,从而影响了群众对党员和"冲关我最棒"项目的深入了解。

例如,在一项问卷调查中,针对"您觉得实施'冲关我最棒'项目后,效果明显吗?"这一问题,虽然有61.3%的群众认为效果"很明显",但仍有3.2%的群众认为效果"不明显",另有35.5%的群众表示"不清楚"。这一结果表明,"冲关我最棒"项目在展示实施过程和成果方面还有待加强。此外,在问卷的建议栏中,有不少人提出,在党员完成一学年的"冲关我最棒"任务后,应通过多种形式展示成果,让更多普通教师能够借鉴经验。

在"冲关我最棒"项目的基础上,我园党建品牌的个性化标识逐渐成形,收集到的意见为我园下一阶段的活动升级提供了宝贵的参考。在后续建设过程中,我们将继续聆听党员和群众的意见,结合我园的实际工作情况,逐步扩大和深化"冲关我最棒"项目,进一步提升其知名度,激发党员的积极性和主动性,发挥党员的模范带头作用,增强党建活力,创新党建品牌。

第二节　升级:党员人人示范,群众个个受益

"冲关我最棒"项目以党员每学年进行微课题研究的形式展开,通过"学年初公布研究方案→学年中接受群众监督→学年末向群众汇报研究成果并接受评议"的方式,提升党员的专业引领意识和能力,进一步发挥党员的模范带头作用,实现"党员得提高,群众得实惠"的目标。

随着办园规模的扩大,我园在继续发挥示范园孵化功能,向全区输送骨干教师的同时,也面临着优质师资被稀释、一线教师经验不足等阻碍我园发展的关键问题。

一、目标与思路

为应对这些问题,2019年9月,新学年开始之际,我园党支部决定党政合力、齐抓共管,在继续进行党员微课题研究的基础上,开展"党员示范课"展评主题党日活动,优化"冲关我最棒"项目中的展示环节,升级项目版本,提升项目品

质,提高项目效能,以此为幼儿园师资建设和教育综合改革助力。

"党员示范课"展评主题党日活动分为三个阶段:第一阶段,每位党员结合自己本学年的"冲关"目标和方案,向全体教师展示"党员示范课";第二阶段,开展"点亮小星星"活动,邀请每位教师对"党员示范课"进行评价;第三阶段,将"大众点评榜"在园内公布,激励每位党员争做教学能手,促进相互学习和竞争。

开展"党员示范课"展评主题党日活动,旨在探索党建与教育融合的切入点,强化党员的身份与责任意识,双向推动教师专业成长,创新主题党日活动的内容与形式,持续增强党员的参与度和群众的获得感。

二、过程与做法

(一) 第一阶段:广泛宣传,自主报名

1. 实施目标:在全园广泛宣传"党员示范课"展评主题党日活动的目的和意义,提升党员的重视度和群众的关注度,营造良好的宣传氛围。

2. 实施时间:3月下旬。

3. 实施要求:

(1) 党支部向全园公布实施方案。

(2) 党员根据本学年《"冲关我最棒"实施方案》,结合自身教学特色,选择示范课的开展领域和活动名称,确定开放时间段和地点,并上报党支部。

(3) 党支部与副园长室根据幼儿园工作实际情况进行整体安排,告知全体党员,并向全园公示"党员示范课展评安排表"。

(二) 第二阶段:党员上课,群众评价

1. 实施目标:

(1) 党员通过备课、说课、上课、答疑、解惑,展示教学风采,强化榜样意识,

提升专业水平。

(2) 群众通过观课、评课拓宽视野,感受党员的教学风采,学习党员的优秀经验,提高自身的专业化水平。

2. 实施时间:4月。

3. 实施要求:

(1) 党员结合当前班级活动主题或《"冲关我最棒"实施方案》,认真选材、研课和备课,既可以展示集体教学活动,也可以展示游戏活动。

(2) 在上示范课前,将准备好的书面教案(包含"说课"部分)发给前来观摩的教师。

(3) 在活动结束后,进行5分钟左右的答疑,回答听课教师提出的问题。

(4) 听课教师根据"活动质量评价表"上的指标要求,客观公正地给予评价,并在活动结束后交到副园长室。

(三) 第三阶段:公布榜单,总结反思

1. 实施目标:

(1) 评价与反馈:让党员明确自己的专业优势与不足,为其下一阶段的专业发展提供依据和目标。

(2) 调查与反思:使党支部了解主题党日活动的成效与不足,为优化新一轮主题党日活动方案、提高活动实效、助力幼儿园教育综合改革奠定坚实的基础。

2. 实施时间:5月上旬。

3. 实施要求:

(1) 副园长室将所有评价表进行汇总统计,并将每位党员获得的各项评价的平均分转换成"大众点评榜"上的星星数。(90分及以上:5颗星;85分~89分:4颗星;75分~84分:3颗星;60分~74分:2颗星;59分及以下:1颗星)

(2) 党支部通过宣传栏、校园网向全园公布"大众点评榜"。

(3) 党支部与副园长室共同将评价意见和建议向党员反馈。

(4) 党员听取意见,进行活动反思。

(5) 党支部通过个别访谈、调查问卷等方式,听取党员和群众对活动的意见和建议,并进行总结反思,形成改进措施。

三、成效与启示

（一）成效

通过个别访谈、调查问卷等方式,我们深入了解了"冲关我最棒"项目及"党员示范课"展评主题党日活动的实施效果和群众的反响。结果显示,活动的影响力和实效性极为显著,具体表现为以下三个"气"。

1. 高度融合"接地气"

"冲关我最棒"项目中的党员微课题均源自幼儿园教育综合改革中的各个研究重点或个人的专业发展方向。示范课的内容紧密贴合研究课题,实现了与本园教育综合改革和园本课程建设的高度融合,既顺应教育改革的大趋势,又贴近实际的教学需求,形成了"上接天气、下接地气"的良好状态。相关的统计数据如表6-3所示。

表6-3 2019—2020学年度党员微课题研究和示范课展示领域类别及数量统计表

单位:个

研究和展示领域	学年度	
	2019	2020
幼儿园研究重点	6	6
年级组研究重点	3	2
个人专业发展方向	3	4

(续表)

研究和展示领域	学年度	
	2019	2020
班主任工作	3	3
合计	15	15

注：有个别项目为两人合作项目。

2. 专业提升"增才气"

在对党员进行的个别访谈中，所有党员均表示，通过每学年的微课题研究，他们的研究主动性和积极性显著增强。在为群众上示范课的过程中，他们的专业化水平得到了迅速提升。

一位党员表达了这样的感受："从选题、备课到展示，再到最后听取群众的意见，我深切感受到了作为一名党员的责任与使命，也感受到了群众对我们的期待。这促使我不断学习和深入研究，努力提升自己的专业水平，展现自己的风采，发挥党员的引领作用。"

另一位党员表示："由于最后的'大众点评榜'会在全园公布，因此我就像对待区级公开课一样认真准备，希望给大家留下良好的印象，让群众看到我们党员不仅思想先进，教学水平也很高。"

从群众的角度来看，在关于"通过这次活动，党员在您心中的形象有何变化？"的多项选择调查中，80.39%的群众认为"党员的专业水平有所提高"，78.43%的群众认为"党员的科研意识和研究能力有所增强"。

此外，在2020年6月进行的新一轮园级骨干教师评选中，骨干教师中党员的比例从2019年的22.22%上升到了2020年的33.33%。这一变化表明，加入"党员示范课"展评环节后的"冲关我最棒"项目，在促进党员发挥示范引领作用和提高教学专业水平方面起到了显著的促进作用。

3. 群众认可"聚人气"

活动的效果最终还是要由群众来评判。在活动的第三阶段，全体群众评委现场观摩打分,然后由党支部和副园长室汇总评分结果,并向全园公布"大众点评榜"。榜单显示,有8位党员获得了五星好评,7位党员获得了四星好评,成绩十分喜人。

此外,在问卷调查中,针对"通过这次活动,党员在您心中的形象有何变化?"这一多选题,94.12%的群众认为"党员的模范带头作用更加明显",76.47%的群众认为"党员与群众的联系更加紧密"。这表明,群众对该活动的总体满意度相当高。

当被问及"冲关我最棒"项目的总体成效时,76.47%的群众认为"成效显著",23.53%的群众认为"部分项目成效显著,部分项目效果一般"。在被问及"您认为'党员示范课'展评这种形式是否能够辐射全园,起到示范引领作用?"时,74.51%的群众认为"能够起到辐射全园的示范引领作用",25.49%的群众认为"有一定的示范引领作用"。由此可见,群众对于该活动的认可度也是相当高的。

(二) 启示

虽然"党员示范课"展评主题党日活动已经取得了让人满意的效果,但要将其作为一项长效机制,仍需要在实施品质上继续努力,以实现"共创、共赢、共享"的目标。结合我园党建目标和当前基础状况,并参考群众的反馈意见和建议,我们计划在以下两个方面进行优化和改进:

1. 在展示内容上力求满足多元需求

我们鼓励党员在示范课中主要展示高结构的活动。群众的专业水平和学习需求具有多样性,我们接收到的建议包括"希望示范课能够涵盖一日活动的各个环节"。因此,下一步我们将避免采取"一刀切"的做法,而是让擅长的党员展示擅长的活动,这样不仅能发挥各位党员的教学特长,还能更好地满足不同群众的学习需求。

2. 在展示形式上努力实现提质增效

在我们进行的问卷调查中,针对"除了党员示范课和'冲关'成果分享会,您觉得还可以用哪种形式进行展示和辐射?"这一问题,64.71%的群众选择了"现场观摩+互动研讨",31.37%的群众倾向于"网络互动",还有3.92%的群众选择了"版面展示"。这表明,群众不仅希望通过观课学习,也期待通过后续的互动研讨来加深理解和内化知识。无论是线下还是线上的交流互动,在教育理念和实践思维的碰撞中,对于党员和群众而言,都将有助于专业化水平的提升。这将是我们下一阶段努力的重点。

在新时代背景下,我们将继续在教育综合改革的道路上探索如何更好地聚焦难点、找准熔点、制造燃点,促进党建与教育的深度融合,真正实现"围绕教育抓党建,抓好党建促教育"的理想境界。为此,我们将持续探索、大胆实践、不断前行。

第七章　集团：研究推动品质

自我革命是一种持久而深刻的内在变革，它涉及个人思想、观念和行为的反思、更新与优化，使我们能够以更清醒的视角审视现状，并以更成熟的姿态面对未来。

自 2017 年起，在嘉定区集团化、学区化、网格化的党建工作新机制的背景下，我有幸被聘为中科·实验教育集团党建共同体的纪检长，负责协助区教育工作党委起草文件、执行监督职责、处理案件、迎检述责等。同时，我还牵头了党建共同体的课题研究工作。

几年来，我与各位书记共同面对新形势、新任务和新问题，每年围绕一个党建课题进行深入学习和研究。我们在实践和反思中共同探索，夯实组织基础，增强组织活力，提高队伍素养，摸索提升党建品质的新机制、新方法和新路径，努力将党建共同体打造成为一个共学、共研、共进步的平台，以推动区域全面从严治党的深入发展。在这一过程中，我的党建理论水平、问题意识和研究能力得到了显著提升。在获取经验的同时，我也深刻认识到了自己存在的问题与不足，从而更加明确了未来的发展方向。

第一节 主题党日创新

"主题党日"是党内政治活动的重要形式之一,也是开展党员学习教育和提升党员素养不可或缺的载体,在基层党组织建设过程中发挥着重要作用。各级党组织可结合区域、系统、单位的不同特点,选择每月的某一天组织开展活动,如集中学习、听党课、开展民主议事、参与志愿服务等。

一、经验与做法

新形势下,党组织需要创新学校主题党日活动方式,丰富活动内容,而如何创新和丰富值得我们深思。在设计主题党日活动时,我们恪守"固色、提香、回甘"三大原则,不断创新活动形式,丰富活动内容,以增强主题党日活动的针对性和有效性。

(一)"固色"——紧扣党建主题,明确政治导向

主题党日活动的核心在于必须彰显鲜明的党的属性,因此在设计这类活动时,应着力展现鲜明的红色特征,这便是所谓的"固色"原则。

1. 围绕重大节日、重要节点"固色"

围绕建党98周年、中华人民共和国成立70周年、"不忘初心、牢记使命"主题教育等重大节日和重要节点来设计主题党日活动,提高党员的责任感和使命感。例如,我们举办了情景党课"红色记忆:我的峥嵘往事",邀请抗战老兵分享峥嵘往事,通过先进事迹图片展、微党课等形式,让党员深刻感受老一辈革命者忠诚于党、无私奉献的党性修养。我们围绕《初心——红色书信品读》等经典著

作开展了"红色阅读"活动,党员结合自己的学习和工作,分享阅读感受,感悟革命先辈的心路情怀,进一步坚定了理想信念。此外,我们还组织了"红色行走"活动,通过访问全国文明家庭、聆听红色故事等方式,带领党员感受红色初心和优秀家风的魅力。这一系列活动的设计,聚焦学习典范,加强党性锤炼,立足岗位奉献,党员人人参与学习讨论,现场气氛积极热烈,达到了"固色"的党性要求。

2. 结合嘉定红色资源和教书育人本职"固色"

党建共同体中,各党支部利用嘉定区丰富的红色资源,如嘉定博物馆、嘉定区革命烈士陵园等,结合自身的实际情况,设计了党建主题鲜明、党性要求明确且紧贴教育实际的主题党日活动。同时,注重党员教师的育人担当,通过观看先进事迹专题片、分享党员典型事迹等形式,增强了党员教师的主体意识、模范意识和服务意识,引导党员教师弘扬榜样精神,成为群众的榜样。

(二)"提香"——创新活动形式,盘活区域资源

"提香"作为主题党日活动设计中的关键,旨在提升活动的吸引力和感染力,增强活动的针对性和有效性,从而提高党员的积极性和参与度。要实现"提香",需要从活动本身和外部环境两个方面进行精心策划与布局。

1. 创新活动形式,提炼"内香"

随着社会进入人工智能时代,日常获取信息和学习交流的方式变得更加多元化。作为党员学习教育的重要途径,主题党日活动的时空设计、组织形式、交互方式、评价反馈等方面也应随之创新和进步。党建共同体借鉴课堂教学的研究成果,积极探索如情景党课和4D学习模式等新型学习方式,以提升学习过程的吸引力和党员的参与度。

(1)开展情景党课,提高感染力、吸引力

情景党课通过情景再现和情景设定,结合参观、讲授、讨论等多种形式,以及教员与学员之间的互动,进行与党性教育相关的教学,是有别于传统授课式

教学的创新党课教学方式。例如,情景党课"传承·红色初心",通过观摩家风展览、观看微视频、聆听微党课、重温入党誓词、分享学习感言等环节,使党员在全身心地参与到党课中,取得了良好的效果。

(2) 运用 4D 党课模式,提高参与度、践行力

4D 党课需要动脑想、动眼看、动耳听、动口说、动手做,强调学习的主动性和实践性。其中,"动手做"既包括撰写学习感言,也包括参与实践。党建共同体通过该模式开展了丰富多彩的主题党日活动。例如,某校党支部在组织开展的"砺党性、铸师德、做楷模"主题党日活动中,通过小组结对完成学习任务单的形式实地参观了外冈游击队纪念馆,并开展了小组代表交流学习收获、评比颁奖、重温入党誓词等活动。这种探究式学习和评比式互动大大提高了党员的学习兴趣。再如,某校党支部在进行"踩着红色足迹,践行教师使命"主题党日活动时,党员不仅参观寻访了该校旧址,而且签订了党员与困难学生一对一牵手结对协议书。这些活动不仅提高了党员的学习兴趣,也促使他们将教育理想转化为实际行动,增强了师德意识并努力成为师德的表率。

2. 盘活区域资源,引入"外香"

党建共同体的 14 个支部分布在嘉定区的 5 个街镇,如何有效挖掘并整合区域内的优质资源,以便发挥教育单位的优势,形成共建、共享、共发展的区域化党建新格局,是我们经常思考并积极探索的问题。为此,我们以创建共同体党建品牌"红色联盟"为契机,以主题党日活动为抓手,大力推进区域化党建工作,致力于将主题党日活动打造成一张亮丽的名片。

(1) 跨区域、跨行业、跨系统设计主题党日活动

这种设计不仅能够拓宽党员的视野,提高其思想认识,还能激活区域内的党建资源,深化区域化党建工作。例如,"红色系列"主题党日活动得到了菊园新区党工委的大力支持。通过与菊园新区的合作,我们成功打造了"Summer School"品牌公益项目。其中,"红色记忆"活动的展览场地等资源均由菊园新区社区党群服务中心无偿提供,"红色阅读"和"红色行走"活动分别得到了同济

大学和徐行镇的支持,充分展现了区域化党建的合力与创新。

（2）通过结对共建、资源共享等方式设计主题党日活动

各党支部依托各自的地理和文化优势,通过结对共建、资源共享等方式设计了形式多样、特色鲜明的主题党日活动。例如,一些党支部通过解读"老大人"乡贤文化,与外冈镇杏花社区合作,以学习党的十九大报告为抓手,以"无私奉献、服务群众"为宗旨,开展了"我是党员我主讲"等活动,促进了教师党员与社区党员的共同学习与提高。有的党支部将"吾爱邻"党员工作室建在位于徐行镇钱桥村的"客堂汇"里,聘请"中国好人"获得者、上海市优秀共产党员张金龙担任指导员,开展了"议家规、话家训、传家风"主题党日活动,使全体党员思想受触动、作风有转变、工作上水平,取得了良好的成效。另外,还有一些党支部在情景党课"传承·红色初心"活动中,通过观摩家风展览、观看微视频、聆听微党课等形式,推广区域内的典型人物和故事,充分利用区域资源,实现了多方共赢。

（三）"回甘"——党员得到提高,群众获得实惠

要确保主题党日活动具有持久的吸引力和深远的影响力,重要的是要始终贯彻"党员得到提高,群众获得实惠"的宗旨,从而满足群众需求,展现学校特色,发挥党员特长,实现互利共赢。

1. 党员带领群众领略传统文化的魅力

嘉定历史悠久,文化遗产丰富。某校党支部借助"徐行草编"这一嘉定传统美术、国家级非物质文化遗产,通过"巧手织梦"志愿服务项目,开展主题党日活动。各位党员主动研究、指导、服务,成为"徐行草编"的传承者和推广者,既发挥了党员的先锋模范作用,又让周边群众深入体验了传统文化的魅力。

2. 丰富党员教师家庭亲子阅读指导经验

某幼儿园党支部与菊园新区嘉馨社区合作打造的"小脚丫亲子学堂"公益项目,通过以党员志愿服务为主的主题党日活动,为社区散居儿童家庭提供亲

子阅读指导,广受好评。在这一过程中,党员教师的家庭亲子阅读指导经验得到了丰富,同时也为社区家庭提供了优质的教育资源。

3. 联系群众,服务弱势群体

某幼儿园党支部在设计"善博助力,与你相约"主题党日活动时,逐步形成了"四个结合"的工作机制,让党员教师发挥特长,为社区居民、残障人士、散居儿童等群体服务,在联系群众、服务群众方面做出了表率,得到了社区群众的交口称赞。在"情牵智障人士,情系阳光之家"活动中,党员教师定期为智障人士提供教育服务。该活动既给予了智障人士党的关怀,也增强了党员教师服务社会的信念。通过"新春阳光牵手行动"等项目,党员教师分享关爱特殊学生群体的经验,优化了学校的管理和教育工作,帮助特殊学生重拾信心,迈上阳光之路。

二、思考与推进

创新主题党日活动设计是一个持续的过程,我们致力于不断提升活动的科学性、有效性、吸引力和感染力。在加强和规范基层学校党组织党内政治生活的背景下,要打造好主题党日活动,需要采取以问题为导向的方法,继续探索并建立一套增强主题党日活动针对性和有效性的制度体系,提高党员对主题党日活动的参与广度和深度,确保活动内容丰富、质量上乘、特色鲜明,从而为集团网格党建工作提供坚实的制度支撑和实践示范。

(一)完善"四级联动"机制体系

完善区教育工作党委、教育集团党建共同体、辅导专家和学校党支部四级联动的体系。区教育工作党委发布指导意见,教育集团党建共同体学习、贯彻执行,辅导专家提供全程指导,各学校党支部结合自身情况独立开展活动。通过区教育工作党委、共同体网格长和网格纪检长的评估和反馈,确保活动的组织性、监督性、管理性和实施性,让主题党日活动更接地气,效果更显著。

(二)建立"结合—共建—联动"活动模式

将主题党日活动与本园团支部和教师社团、街道社区、其他研究机构的相关活动相结合,打造多层次、多领域的活动平台。这种方式可以使活动主体不仅限于党员,还扩展到团员和群众教师、社区居民、其他研究机构的工作人员,充分利用校外党建资源,推动区域化党建工作深入发展。

(三)坚持内容形式双创新

内容上,紧贴学校的重点工作和特色项目,结合重大节日、学习热点和支部特色,有针对性地设计活动主题。形式上,将单一的理论教育学习改进为专题讨论、志愿者活动、支部共建等互动学习方式,并在校外开展社会调查、公益劳动、志愿服务、结对帮扶等主题党日活动。

(四)加强制度机制建设

为确保主题党日活动的持续性和有效性,需要加强制度化、规范化建设。通过特色项目申报、优秀案例评比等方式,对优秀的主题党日活动进行总结和宣传,以不断提升活动的整体质量和水平。

第二节 唱好时代主角

"唱主角"最初用于描述戏曲和影视作品中的核心人物,即整个故事的起始、经过和结果都围绕这个人物展开,其思想和行为构成了作品的主题,而其他角色的行动则是为了衬托主角。如果将学校教育综合改革视作一部永无终章、波澜壮阔的大戏,那么党组织无疑应担负起唱主角的重大职责。这是党赋予学校党组织的重要责任与光荣使命。

一、现状与问题

嘉定区教育系统高度重视党组织在教育工作中的全面领导作用。自 2020 年 2 月起,区教育工作党委结合中小学校领导体制和机制改革,在本区 29 所学校中试行了党组织领导的校长负责制,以期将党的领导全面融入中小学工作的各个方面和环节。基于先行先试的成果,2021 年 4 月,《嘉定区开展中小学校党组织领导的校长负责制全面试点的工作方案(试行)》发布,强调在全区范围内全面推行党组织领导的校长负责制,并明确提出:"要将中小学校党组织领导的校长负责制写入学校章程,构建党组织领导、校长负责、教师育人、民主管理的学校内部治理体系,形成科学规范的决策、执行、监督、评价的治理机制,把党的领导贯穿学校治理全过程;要将党建工作与教育教学工作一起谋划、一起部署、一起落实、一起检查,加强'五育并举'体系建设,完善'三全育人'工作机制,把党的教育方针贯穿立德树人全过程;要将抓好党建工作作为办学治校的基本功,推进党组织规范化建设和党建工作创新,提高党建工作质量和水平,把全面从严治党的要求贯穿学校党的建设全过程。"这一工作方案的发布为本区学校党支部在教育综合改革中唱主角提供了坚实的政治保障。

然而,我们通过走访调研发现,基层学校党支部在教育综合改革中唱主角仍存在认识偏差,在实践中也存在一些问题。

(一)缺乏唱主角的意识

未充分理解"党组织对教育工作的全面领导"的深层含义,未能准确把握党组织把方向、管大局、作决策、抓班子、带队伍、保落实的领导核心地位,只是片面地将其理解为关注教职工的政治思想工作,导致学校党建与教育改革"两张皮",使得本应是主角的党支部沦为配角。

（二）想唱主角,但缺乏抓手

尽管一些学校的党支部意识到唱主角的重要性,但由于将教育综合改革过于狭隘地理解为通过课堂教学改革促进教师专业化成长和学生的终身发展,这些学校的党组织往往难以找到切入点和抓手。

（三）想唱好主角,但缺乏看点

虽然一些学校党支部在教育综合改革中开展了一些活动,但存在"不痛不痒,不解决问题""搞与不搞一个样""形式主义"的情况,未能解决实际问题,因而难以对教育综合改革产生积极的推动作用。

在新时代背景下,学校党组织如何在教育综合改革的重大任务中唱主角并唱好主角,以切实发挥党组织的政治核心作用和战斗堡垒作用,从而真正构建"围绕教育抓党建,抓好党建促教育"的良好局面呢？为了解答这一问题,我们对区域内13所学校近年来的党建工作典型案例进行了深入的研究和分析,力求从中发现规律并获得启示。

二、经验与启示

（一）党支部唱主角,主导的是正确的办学方向

学校文化是在长期的教育实践中由全体师生共同积淀和创造出来,并且为全体师生所认同和遵循的价值观、精神、行为准则、规章制度、行为方式等的整合和结晶,在很大程度上决定了学校的发展方向。学校党组织通过加强学校文化建设,坚持党对教育工作的全面领导,坚持正确的办学方向,可以有效促进学校品质的提升和内涵的发展,提高学校的凝聚力、向心力和战斗力。

A小学党支部通过开展"感恩有你,携手同行"系列活动,倡导团队之间的相互欣赏,构建有温度、有追求的教师团队,提升了教师的职业满意度,并使"懂得感恩、崇尚优秀"的校训深入人心,形成了一支业务精湛、学术精进、精益求精、敬重伙伴、敬畏法则、敬职敬业的教师队伍,为学校教育综合改革注入生机与活力。

B小学作为上海市学生社会实践基地学校和"非遗进校园"传习基地,以"黄草编织"为文化建设的品牌项目。为进一步提升项目品质及其影响力,该校党支部通过"巧手织梦"志愿服务项目,积极开展"草编之旅,指尖捻出梦想"的暑期实践体验活动,传承了草编文化,丰富了学生的认知,提升了学生的实践能力,实现了良好的育人效果。

C幼儿园党支部依托"北北最美种子"党员工作室,建立了"微研训""微研究""微行动""微环境"四个项目组,通过顶层设计和工作形式创新,充分发挥党组织在文化引领上的作用,营造美、乐、爱润泽生命成长的"种子文化"环境,培养有素养、爱生活、善探究的幼儿,促进了幼儿园、教师和幼儿的共同发展,获得了广泛认可。"种子文化"被评为嘉定区学校文化建设的品牌项目。

D小学党支部依托"好韵"党员工作室,以提升教师专业素养为核心,开展了"专业阅读提素养"的主题"月读"活动,通过工作室的凝聚、引领、示范、辐射和指导功能,将阅读活动推广至全校教职员工,形成了浓厚的阅读文化氛围。

(二)党支部唱主角,主推的是人才队伍的建设

实现中华民族伟大复兴,关键在人才和教育。在人才培养过程中,教师不仅承担着教授知识与塑造灵魂的时代重任,还是学校教育综合改革的主力军。因此,学校必须将立德树人作为队伍建设和教育教学的首要任务,打造一支有理想信念、有道德情操、有扎实学识、有仁爱之心的"四有"好老师队伍,并引导教师成为先进思想文化的传播者、党执政的坚定支持者以及学生健康成长的指导者和引路人。在此过程中,党支部需要发挥统筹全局的作用,自然而然地成

为主角。

E小学作为2018年成立的新校,拥有相对年轻的教师队伍。学校党支部通过强化党建内涵发展,以队伍建设为抓手,精心实施"新梦田"计划,采用分层设标、分类实施、分批推进的策略,带领全体教师从专业精神、专业知识、专业能力三方面发力,耕耘"一亩七分自留地",促进青年教师综合素养的提升,构建了一个高层次人才引领、中坚骨干支撑、专业教师分布合理、后备人才充足的发展梯队。该计划的实施使得一大批优秀青年教师迅速成长,成为学校的中坚力量,并在市级、区级层面崭露头角,屡获佳绩。

F小学党支部为打造一支师德高尚、业务精湛、团结协作、身心健康、充满活力的教师队伍,精心设计并实施了"蜡梅好教师"行动计划,通过组织师德教育系列活动、竞赛评比及模范评选,对教师队伍中涌现出的典范进行分层次、成系列的宣传,弘扬了"厚朴如树、坚韧如梅"的农村教师师德风尚,激发了教师干事创业的动力。

G小学党支部为加强教师团队在教改中的主导作用,通过开展"最美蒲滨师者"和"采薇先锋号"评选活动,充分挖掘和展现教师的勤朴之美、爱生之美、智慧之美、阳光之美、和谐之美,推广教研组的优秀经验,营造了积极的学习氛围,推动了教师的专业发展。

H单位党支部通过"对照检视行动""教育提升行动""榜样示范行动""监督促进行动"等措施,加强了干部作风建设,为打造有质量、有温度、充满创新活力的品质教育提供了坚强保障和队伍支撑。

I小学党支部着眼于打造专业精良的党员队伍,坚持开展"争先创优"主题活动,通过建立"双带头人"制度,激励党员把解决实际问题、推动事业发展作为根本标尺,在教育教学中充分发挥先锋模范作用,引领全体教师的专业化发展。

（三）党支部唱主角，主攻的是教育综合改革的难点

在学校教育综合改革的过程中，难免会遇到问题、困难与挑战。学校党支部不仅要为学校出谋划策、保驾护航、提供政治保障，更要直面问题、找准痛点、攻坚克难，切实发挥党组织"主心骨"和"发动机"的作用。

J幼儿园是一所市级示范园，承担着引领区域学前教育综合改革的重任。针对近几年来在课堂教育教学工作中发现的重难点问题，该园党支部于2019年推出了"党员示范课"制度，以"攻坚克难，党员先行"为出发点，通过党员教师定期向群众教师开展示范课的形式带头攻坚克难，在上课、说课、研课的过程中，双向促进教师专业提升，推动了幼儿园教育综合改革前进的步伐，受到了群众教师的欢迎和好评。截至2023年，该园共推出"党员示范课"33节，不仅强化了党员教师的身份意识和责任意识，还使党员教师和群众教师参与教育综合改革的积极性提高、获得感增强。

K单位党支部针对当前父母对子女教育出现的焦虑问题，以及家长在家庭教育、建立良好亲子关系等方面的强烈需求，结合党史学习教育，将暑期实践活动课程聚焦于亲子关系养成、语言沟通和声音表达能力培养等方面，成功开展了"成长进行时"活动，为青少年了解传统文化、传承红色基因、坚定文化自信，以及家长与孩子构建良好的亲子关系提供了充足的养分。

L幼儿园地处农村偏远地区，根据区域"大视野课程"建设的需要，该园党支部建立了党员引领的"远足课程"研发小组，带领骨干教师和青年教师通过实地考察、定期研讨、实施改进，形成了一系列"远足课程"方案。这不仅促进了教师的专业成长，而且形成了幼儿园的课程特色，同时也丰富了区域"大视野课程"的内容，可谓"一举多得"。

M幼儿园党支部在构建幼儿园"活教育"课程体系的过程中，主动先学、先思、先研，带领全体教师树立正确的"活教育"理念，在幼儿园课程改革中发挥了示范和引领作用。

三、思考与展望

从以上案例中我们不难发现,在学校教育综合改革过程中,党支部必须唱主角,并且完全有能力唱出成果、唱出特色,赢得满堂喝彩。关于如何坚持党对一切工作的领导,结合我们的工作实践探索,我们进行了以下思考:

(一) 一定要牢记"党管人才""党管教育"的总基调

"国将兴,必贵师而重傅,贵师而重傅则法度存。"基础教育是推动高素质国民教育发展的第一阵地,同时也是担负着培养共产主义接班人重任的初始课堂。坚持党建引领,推动党的建设与基础教育事业发展的深度融合,要求各级党委(党组)切实履行全面从严治党的主体责任。要坚持和加强党对学校的全面领导,以高质量的党建推动各学校坚持党的教育方针,办好人民满意的教育,为党育人、为国育才,实现高质量发展。

同时,坚持党管办学方向、党管干部、党管人才、党管意识形态,坚持党领导改革发展,把党的领导落实到办学治校的全过程中,确保党的教育方针和党中央决策部署得到贯彻实施。我们的学校是党领导下的学校,也是中国特色社会主义学校。要办好我们的学校,必须坚持以马克思主义为指导,全面贯彻党的教育方针,引导孩子们树立正确的人生观、价值观。

(二) 一定要团结带领方方面面力量投身教育综合改革

党的十九大报告指出:"建设教育强国是中华民族伟大复兴的基础工程,必须把教育事业放在优先位置,深化教育改革,加快教育现代化,办好人民满意的教育。"教育综合改革牵一发而动全身,需要各级党组织在教育改革中充分发挥好把方向、管大局、作决策、抓班子、带队伍、保落实的重要作用。只有坚持党的领导,我们才能有效调动各方面的积极性,统筹校内校外多种资源,不断提升教育综合改革的成效。

要坚持社会主义办学方向,加强党对教育事业的全面领导;用好指挥棒,全面推进新时代教育评价的改革工作;贯通全链条,深入推进教育高质量发展;建强人才队伍,抓好支撑教育事业发展的教师队伍;打好组合拳,持续提升教育治理能力。

(三) 一定要找准党建与教育同频共振的结合点

坚持党的领导、加强党的建设、深化教育改革以及提高教育成效之间存在着内在的逻辑关系。脱离党的领导可能会导致教育改革方向的偏离,单纯抓党建而忽视教育的规律性会导致党建与教育"两张皮"。因此,我们在工作中必须找准党建与教育同频共振的结合点。

党建与共青团建设、工会建设、妇代会建设的有机结合,有助于整合力量,节约时间,提高成效;党支部的"三会一课"与学校的教学备课、师德师风建设之间也存在密切联系;学习党史与办实事的一致性能有效解决教师存在的实际困难,有利于增强教师的向心力。

综上所述,在新时代教育综合改革的过程中,面对新形势、新任务、新挑战,学校党组织要勇于站在改革的最前沿,牢牢把握改革的正确方向,确保改革有序推进,并汇聚各种力量,当好主角,唱出精彩。

第三节　引领学校发展

习近平总书记明确指出:"我们要建设的教育强国,是中国特色社会主义教育强国,必须以坚持党对教育事业的全面领导为根本保证。"作为上海市中小学领导体制改革的先行区,嘉定区教育工作党委在充分总结本区中小学领导体制改革在2020年、2021年率先开展试点取得的经验的基础上,出台了《嘉定区关于建立中小学校党组织领导的校长负责制的实施方案(试行)》。该方案明确将推动构建学校治理新体系、深化干部队伍建设新机制、实施党建质量提升新工程"三大行动"作为改革推进的重点。

当前,在基础教育领域,学校体制改革的重要任务是贯彻落实党组织领导的校长负责制。我们选取了嘉定区在贯彻落实区域中小学体制改革"三大行动"方面工作扎实、初见成效的23所基层学校作为样本。这23所基层学校包括高中1所、九年一贯制学校1所、初中2所、小学10所和幼儿园9所。其中,有6所被认定为上海中小学校党建工作示范学校和特色学校培育创建单位。通过研究这些样本,我们致力于发现规律、形成经验,同时查找不足、思考建议,为本区进一步贯彻落实中小学校党组织领导的校长负责制提供参考。

一、做法与成效

(一) 构建党政协力、高效协同的治理体系是改革的基本点

在嘉定区教育工作党委的统一部署下,各基层学校认真制定了符合各自实际情况的实施方案,并按照实施方案进行了分层学习宣传,达成了共识。同时,各学校认真修订了学校章程,确保党的领导贯穿学校治理全过程,党的教育方针贯穿立德树人全过程,全面从严治党的要求贯穿学校党的建设全过程。此外,各学校还重点变革了学校治理格局,将原有的"校长负责制、党组织发挥政治核心作用、教职工(代表)民主管理"的"三驾马车"治理格局转变为"党组织领导、校长负责、多方参与、全员育人"的"四位一体"治理格局。这种变革集中发挥了党组织"全面领导"和校长"全面负责"两个优势,形成了党政协力、高效协同的治理体系。

A高中将党政工联席会议制度下的年级部和职能部门的"扁平化"管理模

式转变为党组织领导下的学校治理结构,建立了党总支领导、部门协作、党员参与、学生家长和教职工监督的机制,打造了党总支、校务委员会、学术委员会、教代会、学生代表大会、家长代表大会组成的多元治理体系,突出了党总支的领导地位,实现了党的领导与依法治校的有机统一。

B小学在优化学校治理结构上寻求突破,将"党政分工管理"转变为"党组织统一领导管理",强化了学校党组织的领导地位,并突出了党政协调运行的工作机制,使学校组织结构更加完善,部门职责更加清晰。

C幼儿园调整优化了治理结构,形成了"1+5"内部治理体系。其中,"1"代表党组织,"5"代表五个中心,即党建服务中心、行政管理中心、教学研究中心、后勤保障中心和家校合作中心。各中心的责任人为党政班子成员,在党组织的集体领导下,明确职责,相互协调,民主集中,高效运作。

(二)建立健全议事决策制度和协调运行机制是改革的关键点

在嘉定区教育工作党委的指导下,各基层学校对原有的制度进行了系统的梳理和完善,但制度的健全仅是起点,最为关键的是要在制度实施的过程中进一步建立健全党组织统一领导、党政分工合作和协调运行的工作机制,真正把政治标准和政治要求贯穿学校治理全过程。

D小学通过明确学校党组织会议和校长办公会议各自的功能定位,梳理并形成了学校党政各自的议事目录,进一步明确了学校重大问题和重要事项的处理流程,即校长办公会议研究提出→党组织会议讨论决定→校长办公会议具体部署,形成了"规划制度—分工落实—检查监督"的工作闭环。

E幼儿园通过研究,将重要事项的决策过程梳理成"七步骤"流程和"三阶段"要点,以此完善并强化议事规则的规范运行机制。"七步骤"流程涵盖从确定申报事项到事项的具体执行和通报等各个方面的要求,以确保决策的透明性和参与性。"三阶段"要点指在决策的前、中、后阶段,强调决策过程中的充分调研、沟通、酝酿以及决策执行后的跟踪、指导、反馈,以保障决策的质量和执行的效果。

(三) 以提升党建质量促进学校高质量发展是改革的发力点

嘉定区各基层学校将党建工作与教育改革发展的各项任务进行了共同规划、部署、实施和发力,通过项目引领培养干部人才队伍,依托党员工作室促进党建与业务深度融合,通过推进课程建设,落实立德树人根本任务,以实现高质量党建引领学校教育工作的高质量发展。

1. 以项目引领为手段,确保"党管人才"原则落地见效

各基层学校根据党管干部、党管人才、全面从严治党的原则,以项目引领和课题研究为手段,致力于培养一支忠诚、廉洁、有担当的高素质、专业化干部队伍,德才兼备的高素质教育人才队伍,以及政治合格、执行纪律合格、品德合格、发挥作用合格的党员队伍。

F高中积极探索党员和教师队伍建设的新途径,将"嘉懿"党员工作室与"振铎工程·教师梯队成长培养项目"进行结合,健全了将骨干教师培养成党员和将党员教师培养成教学、科研、管理骨干的"双培养"机制。具体实施措施包括两个方面:一是开展"1+1"结对活动,每名党员结对一名入党积极分子,通过创建"嘉懿书院"、开设"嘉懿讲堂"、组织"嘉懿风采"展示、开展"嘉懿服务"活动等形式,发挥党员教师的示范引领和言传身教的作用,帮助骨干教师在思想和教育教学上不断提升和成长。二是在党员教师中建立见习教师"启蒙"梯队、职初教师"入行"梯队、成长期教师"引航"梯队和成熟期教师"卓越"梯队,通过分层分类培养,把党员教师培养成为教学、科研、管理骨干。

G小学结合市教卫党委系统党建研究会立项课题,全面打造班子队伍、党员队伍、教师队伍建设平台,以及党建品牌打造、联动评价机制两条学习锻炼主线,初步构建了纵横立体的"3+2"学校队伍建设模式。这一模式旨在强化党政班子党性水平、政治觉悟、专业素养的融合提升,党员骨干队伍思想政治素养和专业学术素养的融合提升,教师队伍师德师风素养和专业技能素养的融合提升，确保党组织领导职责的履行，培养高素质教师队伍，办好人民满意的教育。

H幼儿园借助参加上海中小学校党建工作"示范学校"培育创建单位评选的契机，全面启动"领航"项目，并取得了显著成效。通过"精进"计划，每年达成"五个一"目标，以提高班子成员的领导能力和专业素养；通过"优才"计划，形成"竞聘上岗（两年一次）、团队诊断（每学年一次）、案例交流（每学年一次）、学习反思（每月一次）、学年述职（每学年一次）、履职考核（每月一次＋每学年一次）"的选才、育才、用才机制，打造新时代干部队伍；通过"勤业"计划，坚持每学年开展"冲关我最棒——党员承诺践诺"项目，通过学年初"公布微课题方案"（承诺）、学年中展示"党员示范课"（履诺）、学年末举行"成果分享会"（践诺）的形式，使党员教师成为幼儿园教育综合改革的主力军；通过"育德"计划，落实"培训宣传→师德承诺→共建制度→有力监督→每月考核→学年评价"的师德师风建设机制，编写幼儿园教师育德手册。

2. 以党员工作室为依托，促进党建与业务深度融合

嘉定区教育工作党委自2017年起坚持每年开展党员工作室创建评审工作，通过实施"自主申报→实地验收→认定授牌→年终考核"等流程，形成了长效机制。近年来，各基层学校在全面贯彻落实党组织领导的校长负责制的过程中，尤其重视党员工作室的作用。这些学校依托党员工作室，以重点项目为抓手，促进了党建与业务的深度融合，形成了"一个人带动一群人、一个项目培育一个特色、一个工作室推动一所学校"的新气象。

I学校的"疁·美"党员工作室，确立了"纸艺营造美境、课程打造美育、赏识塑造美心"的目标，积极探索"疁·美"党建工作模式，促进了党建与业务的深度融合，为学校的发展保驾护航。首先，在"营造美境"环节，坚持"党建＋引领"的原则，开展"三会一课""主题党日""主题活动"，强化党员的"四个意识"，并将提升先锋意识作为首要使命。其次，在"打造美育"环节，坚持"党建＋活动"的原则，通过"探访寻根"活动传承疁城（嘉定别称）的深厚底蕴，全面实施"幸福课程",推动社会主义核心价值观进课堂,把立德树人作为首要任务。最后,在"塑造美心"环节,坚持"党建＋服务"的原则,党员对接学校特殊学生,进行跟踪教育帮扶,开展"图书漂流""燃情志愿,薪火相传"等系列活动,将服务社会视为首要导向。2023年6月,"疁·美"被命名为嘉定区教育系统第一批党建工作特色品牌。

J幼儿园依托早期阅读课程特色,通过加强党员工作室——"蒲公英"阅读推广工作室的建设,全力打造了由党员领衔的三个重点项目。一是"全民阅读"项目,针对图书馆和周边社区,提供公益讲座、公益故事会、公益亲子阅读活动等形式的党员、团员志愿服务。二是"慧阅读"项目,带领"慧阅读"社团承担幼儿园早期阅读特色活动的研发任务。三是"阅读成长营"项目,通过绘本解读、好书推荐、专题辅导、专项评比等方式,提升10年以内教龄的青年教师的阅读素养。这三大项目已形成长效机制,促进了党建与业务的深度融合,推动了教师队伍的专业成长,"蒲公英"阅读推广工作室因此被评为"嘉定区教育系统示范型党员工作室"。

3. 以课程建设为抓手,落实立德树人根本任务

各基层学校牢记为党育人、为国育才的育人使命和立德树人的根本任务,以课程为重要载体,以课堂为主要阵地,牢牢把握住思想政治工作与德育工作,将这条中小学校工作的"生命线"贯穿学校教育教学管理全过程。通过夯实基层党组织的政治和组织功能,更加有力地确立了正确的办学方向,推动了基础教育的高质量发展,有效地回答了"培养什么人、怎样培养人、为谁培养人"这一教育的根本问题,并以高质量的党建工作引领教育高质量发展。

K高中致力于将立德树人理念融入思想道德教育、文化知识教育、社会实践教育的各个环节中,建立了"课程育人、文化育人、实践育人"三位一体的德育实施路径,促进了学生的全面和个性化发展。学校积极构建课程思政体系,以学科育人为核心,在语文、思想政治、历史等学科中渗透德育思想,"在文史哲阅读""创新思维培养"等课程中浸润理想信念教育。同时,以社会实践活动和仪式教育为载体,在公益体验中植入红色基因、培育家国情怀、树立文化自信。学校还开设了"党旗拂亮学子心"青年党校课程,设立了"高一育优、高二选优、高三推优"的课程体系,并通过主题教育,引导学生在青年党校学习中加强对党的认知认同,打牢信念根基,先后开展了"建党百年芳华好,青春奋斗正当时"党史研习社学习活动、"走进马克思,担负新使命"青年党校学习活动、"升国旗、颂祖国、游嘉定"爱国主义教育系列活动等,让鲜红的党旗在学生心中高高飘扬。"党旗拂亮学子心"青年党校课程获评首批"中国系列"课程。

L中学立足于"思源致远,创生卓越"的办学宗旨,一方面,努力构建"以思政课为中心,其他课程为第一环,校园活动为第二环,社会实践为第三环"的"大思政教育生态圈",以实现课堂、校园、社会的无缝衔接,并形成学校、家庭、社会三位一体的协同育人机制。另一方面,通过创建形式多样化、内容多元化的"红色思政课堂",将思政工作贯穿学校教育教学管理全过程,实现从"德育课程"到"课程德育"的转变。

二、思考与建议

中小学校领导体制改革是一项系统工程,区域层面需要加强顶层设计,优化实施路径,细化指导督导;基层学校层面需要深入学习领会,扎实推进落实,大胆创新实践。针对实施现状和存在的问题,我们尝试从区域、党建共同体和基层学校三个层面提出以下建议:

(一)区域层面:开展两种类型的培训

鉴于基层学校在落实党组织领导的校长负责制的过程中,对政策的理解和执行力度发展不均衡,建议在区域层面以"党组织领导的校长负责制"为主题,开展必修课和选修课两种形式的实务培训。

1. 必修课

由区教育工作党委牵头,通过专家讲座、经验分享等形式进行全覆盖式培训,深化基层学校党政班子成员对政策的认识和解读,确保执行过程中既不搞形式主义,也不偏离轨道。

2. 选修课

充分利用"嘉定区中小学党建实训基地"的优势,面向党政班子成员开展有针对性的实务培训。培训内容以"课程菜单"的形式呈现,重点针对评估验收中发现的问题,让各校根据自身需求选择课程的主题,如"学校内部治理体系建设""明确议事规则,规范议事流程""党建与业务的深度融合"等。通过实地参观、案例分析、主题研讨等方式,帮助基层学校解决实施过程中遇到的问题和困惑。

(二)党建共同体层面:研究两类学校的实际问题

2017年,嘉定区教育工作党委通过改革创新,建立了集团化、学区化、网格化的党建共同体,构建了三级党建工作网格。以集团和学区所在学校以及其他相关单位的党组织为主体,设立了9个党建共同体,形成了"局党委—网格党建共同体—基层党组织"三级党建工作网格,显著提升了教育系统党建工作的科学化水平,推进了教育综合改革发展。在全面推进落实党组织领导的校长负责制的背景下,党建共同体应利用其研究力量,关注共同体内联合党支部学校和民办学校在落实过程中遇到的问题和困难,通过集体智慧,攻坚克难,创新改革,加快落实过程。

(三)基层学校层面:提升两个会议的效能

党组织领导的校长负责制明确规定:凡属学校重大问题、重要事项,必须按照"集体领导、民主集中、个别酝酿、会议决定"的原则,由党组织会议集体讨论做出决定。同时,还需要做到"科学决策、民主决策、依法决策"。因此,基层学校要通过"两个提高"和"三个充分",确保两个会议程序规范、高效且质量上乘。

1. "两个提高":提高思想素养和专业素养

首先,要提高参会人员的思想素养。作为党的干部,要看清大势,着眼大局,胸怀大度,一切以学校发展和学生发展优先,坚持实事求是、客观公正,不断提高自身的政治判断力、政治领悟力、政治执行力。其次,要提高参会人员的专业素养。尤其是党组织支委会成员,要加强学习,提升专业能力和履职能力,成为既懂教育又懂管理的内行领导,以适应教育事业发展和学校发展的需要。

2. "三个充分":充分调研、充分沟通、充分梳理

"三个充分"是指在两个会议召开之前要做到充分调研、充分沟通、充分梳理,以此保障议事决策过程的科学顺畅、优质高效。

(1) 充分调研

会议前进行详细的调研,以问题、事实和数据为基础充实方案,提高议题方案的可信度和有效性。调研还应包括专业咨询。对于具有专业性或技术性的重要事项,应进行专家评估及技术、政策、法律咨询。

(2) 充分沟通

需要保证分管领导与校长之间、校长与书记之间(特别是在党政分设的学校中)、学校与教代会和家委会之间充分沟通,以引起关注,形成共识。

(3) 充分梳理

对于规模较大的学校,可以设立党政办公室;对于规模较小的学校,应指定专人负责整理两次会议所需要的各类材料,如会议文书、议案建议、情况说明等,确保会议材料齐全,为高效和科学决策提供基础。

参考文献

[1] 周卫倩."慧阅读"课程:儿童视角[M].上海:华东师范大学出版社,2021.

[2] 陈设立.上海市建立中小学校党组织领导下的校长负责制研究[J].现代教学,2020(20):58-61.

[3] 乔春雨,李锋."嘉懿"牵手"振铎" "先锋"亦是"骨干"[J].上海教育,2018(Z2):16-17.

[4] 王晓燕.建立中小学校党组织领导下的校长负责制的区域探索[J].现代教学,2020(20):62-64.

[5] 张志萍.创新实践让主题党日活动有品质、有亮点[J].上海教育,2020(19):74-75.

[6] 张志萍,简健萍.幼儿园开展"立体阅读"的实践与思考[J].当代幼教,2015(12):12-17.

后记

在键盘上输入正文的最后一个句点后,我长长地舒了一口气。

这本书是对我二十五载教育生涯的回顾。由于时间匆忙且个人能力有限,书中肯定有许多不足之处,敬请各位专家和同行批评指正。完成这本书后,我最想说的两个字是"感谢"。

感谢嘉定区教育局历任领导对我的鼓励与爱护,是你们为我提供了最好的成长平台和最有力的发展支持。感谢一路上扶持我前进的师长们,你们的谆谆教诲和真挚叮嘱已深深镌刻在我的脑海中,每每想起都会赋予我巨大的勇气和前进的动力。感谢那些与我并肩同行的伙伴,我们因爱、因阅读而相聚,同甘共苦,共同成长,始终不离不弃。同时,我还要感谢我的家人,是你们为我提供了世界上最温暖的避风港,让我感到幸福和坚定。

窗外的万家灯火预示着今天即将结束,而明天终将来临,如此循环往复,生生不息。一个阶段的结束也预示着另一个阶段的开始。正如这本书,虽然暂时告一段落,但故事仍将继续。因为在教育的征途上,永远都只有起点,没有终点。作为教育工作者,我们的征程犹如星辰大海,为了孩子,为了民族,为了未来。

征途漫漫,惟有奋斗。让我们继续携手同行!

张志萍
2024 年 1 月

图书在版编目（CIP）数据

追光领航：二十五载书香砺初心征程记述 / 张志萍 著. — 上海：上海教育出版社，2024.3
ISBN 978-7-5720-2562-4

Ⅰ.①追… Ⅱ.①张… Ⅲ.①中国共产党 – 党的建设 – 文集 Ⅳ.①D26-53

中国国家版本馆CIP数据核字(2024)第059137号

责任编辑　袁梦清　陈杉杉
封面设计　金一哲

追光领航：二十五载书香砺初心征程记述
张志萍　著

出版发行	上海教育出版社有限公司
官　网	www.seph.com.cn
地　址	上海市闵行区号景路159弄C座
邮　编	201101
印　刷	上海展强印刷有限公司
开　本	700×1000　1/16　印张 12.25　插页 1
字　数	168 千字
版　次	2024年4月第1版
印　次	2024年4月第1次印刷
书　号	ISBN 978-7-5720-2562-4/G·2256
定　价	80.00 元

如发现质量问题，读者可向本社调换　电话：021-64373213